개혁주의 복음 설교를
한글과 영어로 읽다

박헌성 목사
한영 설교집

개혁주의 복음 설교를 한글과 영어로 읽다
박헌성 목사 한영 설교집 _ 4

© 생명의말씀사 2022

2022년 5월 31일 1판 1쇄 발행

펴낸이 | 김창영
펴낸곳 | 생명의말씀사

등록 | 1962. 1. 10. No.300-1962-1
주소 | 서울시 종로구 경희궁1길 6 (03176)
전화 | 02)738-6555(본사) · 02)3159-7979(영업)
팩스 | 02)739-3824(본사) · 080-022-8585(영업)

지은이 | 박헌성

기획편집 | 서정희, 서지연
디자인 | 김혜진
인쇄 | 예원프린팅
제본 | 다온바인텍

ISBN 978-89-04-16799-9 (03230)

저작권자의 허락없이 이 책의 일부 또는 전체를
무단 복제, 전재, 발췌하면 저작권법에 의해 처벌을 받습니다.

Bilingual Gospel Sermons in Reformed Theological Foundations

개혁주의 복음 설교를 한글과 영어로 읽다

박헌성 목사
한영 설교집

4

CONTENTS

BILINGUAL
GOSPEL SERMONS
IN REFORMED
THEOLOGICAL
FOUNDATIONS

1 우리가 믿는 하나님 • 8
The God We Believe In
이사야 41장 10~13절   Isaiah 41:10~13

2 용기 있는 사람들 • 44
The Brave
사도행전 4장 12~21절   Acts 4:12~21

3 위기와 축복 • 80
Crisis and Blessing
여호수아 1장 1~6절   Joshua 1:1~6

4 깨어서 정신 차리자 • 114
Be Alert and Self Controlled
데살로니가전서 5장 4~9절   1 Thessalonians 5:4~9

5 생활을 변화시켜라 • 150
Make a Life Change
로마서 12장 1~2절   Romans 12:1~2

6 새 술은 새 부대에 • 186
New Wine into New Wineskins
마가복음 2장 18~22절   Mark 2:18~22

7 복 있는 사람이 되어라 • 222
Be a Blessed Person
시편 1장 1~3절   Psalms 1:1~3

Bilingual Gospel Sermons in Reformed Theological Foundations

개혁주의 복음 설교를 한글과 영어로 읽다

1

우리가 믿는 하나님
The God We Believe In

이사야 41장 10~13절

"두려워하지 말라 내가 너와 함께 함이라 놀라지 말라 나는 네 하나님이 됨이라 내가 너를 굳세게 하리라 참으로 너를 도와 주리라 참으로 나의 의로운 오른손으로 너를 붙들리라 보라 네게 노하던 자들이 수치와 욕을 당할 것이요 너와 다투는 자들이 아무것도 아닌 것 같이 될 것이며 멸망할 것이라 네가 찾아도 너와 싸우던 자들을 만나지 못할 것이요 너를 치는 자들은 아무것도 아닌 것 같고 허무한 것 같이 되리니 이는 나 여호와 너의 하나님이 네 오른손을 붙들고 네게 이르기를 두려워하지 말라 내가 너를 도우리라 할 것임이니라."

Isaiah 41:10~13

So do not fear, for I am with you; do not be dismayed, for I am your God. I will strengthen you and help you; I will uphold you with my righteous right hand. "All who rage against you will surely be ashamed and disgraced; those who oppose you will be as nothing and perish. Though you search for your enemies, you will not find them. Those who wage war against you will be as nothing at all. For I am the LORD, your God, who takes hold of your right hand and says to you, Do not fear; I will help you.

●

지난 2021년 4월 9일 100세 생일을 앞두고 영국 엘리자베스 여왕의 부군 필립공이 세상을 떠났습니다.
Queen Elizabeth's husband, Prince Philip, passed away last month on April 9, 2021, just days before his 100th birthday.

그리스와 덴마크 왕족으로 여왕과 결혼한 후, 74년 동안 외조를 잘 감당하였습니다.
He was originally born from Greek and Danish royal families. After marrying the queen, he supported her well as a husband for 74 years.

그의 나이 40대 후반에 여왕의 남편과 왕족으로 살면서 힘든 외로움, 공허함, 질투심 등 때문에 잠시 그의 삶에
In his late 40s, Prince Philip suffered a mid life crisis from years of living in the royal family and as the Queen's husband;

위기가 찾아왔습니다. 그 무렵 아폴로 11호 우주비행을 보면서

원래 비행사 출신인 필립 공은
he was empty, jealous, and lonely. Around that time, he
watched the Apollo 11 space missions. As a former pilot,

그들을 부러워합니다. 그리고 그들을 버킹엄 궁전으로 초대해서 궁금한 것을 물어봅니다.
he became jealous of the astronauts. So he invited them to
Buckingham Palace to ask them questions about

그런데 그들은 오히려 필립공을 부러워하며 왕궁에 대해서 여러 가지를 물어봅니다.
their space flight. However, the astronauts were jealous of
Prince Philip and instead asked him many questions about the

거기서도 인생의 답을 못 찾고 삶에 대한 회의는 더 깊어져 갑니다. 그때 그는 왕궁 안에 있는 세인트조지스하우스에서
royal family. Failing to find sufficient answers to life, the
prince became even more desperate. He reached out to ask for

신앙과 철학을 탐구하는 주임사제인 우즈 신부를 찾아가서 도움을 청합니다. "그리스에서 쿠데타가 일어나 왕권이 바뀌면서
help from Dean Woods, who had been studying theology and
philosophy at St. George's. "After the Greek revolt, my mother

수녀가 된 어머니께서 돌아가시기 얼마 전에 제가 있는 버킹엄 궁전을 방문했습니다. 그때 어머니는 제 모습에서 뭔가 결여되어 있는 것을 보셨습니다.
became a nun. She visited Buckingham Palace before her death, and she knew right away that something was not right with me.

그리고는 제게 '네 신앙은 어떠니?' 하고 물으셨지요. 저는 '신앙을 잃어버렸어요'라고 대답했습니다. 그리고 그 후 세월이 많이 흐르고 지금 와서 생각해보니 어머니 말씀이 맞았습니다.
So, she asked me, 'How's your faith?' I replied, 'I've lost it.' After many years, I realized that what my mother said was right.

제게 신앙이 없었고 하나님을 믿는 믿음이 없어서 남은 것은 한없는 외로움, 실망감과 죄책감 같은 것들이었습니다. 우즈 사제님, 제가 하나님을 믿는 믿음을 다시 찾을 수 있도록 저를 도와주세요."
I was filled with loneliness, disappointment, and guilt because I had lost my faith in God. Dean Woods, please help me restore my faith."

결국 필립 공은 하나님을 믿는 믿음을 다시 찾고, 회복한 신앙으로 삶의 위기를 극복했습니다. 그리고 그는 딘 우즈 신부와는

Ultimately, Prince Philip restored his faith in God and overcame his midlife crisis. He became lifelong friends with Dean Woods

믿음의 좋은 친구가 되어 여왕의 남편으로서 힘든 사명을 잘 감당했습니다. 그렇습니다. 우리에게 가장 중요한 것이 무엇입니까?

and happily fulfilled his duties as the husband of Queen Elizabeth. That's right. What is the most important thing to us?

"믿음"입니다. 그것은 바로 하나님과의 관계입니다. 우리 믿음의 출발은 신관이라고 하는 하나님에 대한 것입니다. 우리가 믿는 하나님이

It is our "Faith." It is our relationship with God. Our faith begins with proper knowledge of God - His doctrine. Who is the God

도대체 어떤 분입니까? 우리는 하나님 앞에서 어떤 태도를 갖습니까? 그에 따라 우리 믿음의 내용이 완전히 달라지는 것입니다.

we believe in? What attributes do we have? The strength of our faith will vary depending on how we answer this question.

일찍이 믿음의 조상 아브라함은 자기가 믿었던 하나님에 대해서 "죽은 자를 살리시며 없는 것을 있는 것으로 부르시는 하나님이시라"

This is how Abraham, the father of faith, described God, "God, who gives life to the dead and calls into existence the things

라고 했습니다. 그렇습니다. 하나님께서는 하나님을 믿는 자녀가 세상을 살아갈 때 염려, 근심, 걱정, 두려움 등으로

that do not exist." That's right. God does not want His children to be anxious, restless, or distressed. God does not want

살아가는 것을 원치 않으십니다. 우리가 담대한 믿음으로 살아가기를 원하십니다. 하나님에 대한 믿음을 갖는 것이

His children to live in fear. God wants them to live with faith and courage. The key to living as victors in this world

우리 인생의 행복자로, 성공자로, 승리자로 살게 하고 모든 문제를 해결하는 열쇠입니다. 다윗 왕이 어느 날 세상을 떠나기 직전에 자기 아들

is having faith in God - this faith helps us solve many problems in life. Just before his death, King David called his son,

솔로몬과 이스라엘 백성의 각계각층의 지도자들을 한 자리에 불러 모아 놓고 감동적인 최후의 말을 했습니다. "내 아들 솔로몬아, 너는 네 아버지의 하나님을 알고

Solomon and the leaders of Israel to give his last words. He said, "Solomon my son, know the God of your father and serve him

온전한 마음과 기쁜 뜻으로 섬길지어다." 그렇습니다. 다윗왕은 이스라엘 민족사에 가장 추앙받았던 최고의 영웅이었습니다. 그는 이스라엘 백성의

with a whole heart and with a willing mind." That's right. King David was the most revered hero in Israeli history. He was

한없는 흠모와 존경을 받았던 이스라엘의 성군이었습니다. 이스라엘 역사의 가장 빛나는 위대한 인물입니다. 그래서 이스라엘 국기에도 다윗을 상징하는 별이

admired and respected by all the Israelites. He was their greatest king. This is why the Israeli flag depicts David's star.

그려져 있고, 예루살렘 성을 '다윗성'이라고도 합니다. 우리 교회 2층 뒤편 스테인드글라스에도 다윗의 별이 있습니다.

They even call Jerusalem, the city of David. Even the stained glass here on the second floor of our church contains the star of David.

아무튼, 다윗은 일평생 하나님을 몸소 체험하며 믿고 살았습니다. 그는 늘 하나님이 좋아서
Anyways, King David trusted in the Lord and lived in His presence all his life. David delighted in the Lord so much that he confessed,

"내 평생에 선하심과 인자하심이 반드시 나를 따르리니 내가 여호와의 집에 영원히 살리로다"라고 고백했습니다. 그렇습니다.
"Surely goodness and mercy shall follow me all the days of my life, and I shall dwell in the house of the LORD forever." That's right.

신앙은 체험입니다. 신앙은 이론이나 논리로 설명되는 것이 아닙니다. 내 영혼과 부딪혀 보아야 아는 하나님, 내 육체와 내 생활 속에서 경험해야 하는
Faith is an experience. Faith cannot be easily explained. Our souls need to encounter God. Our bodies need to experience God

하나님입니다. 그 하나님을 다윗은 생사를 오가며 힘들고 어려울 때, 생명이 위험할 때마다 그 하나님을 믿고 의지했더니

in our everyday lives. Every time David's life was in danger, the Bible shows that God delivered David in every situation.

신실하신 그 하나님이 자기와 함께하시고 자신을 구원해주셨다고 했습니다. 그런데 그 하나님을 바로 알고 믿지 못하면
God remained with David whenever he depended on Him during difficult times. However, our spiritual life can be daunting

신앙생활이 피곤합니다. 신앙생활이 재미가 없습니다. 교회는 와도 되고, 안 와도 상관없게 됩니다.
if we do not have proper knowledge of God. For instance, our walk of faith may be dull. Missing church will not seem like a problem.

예배를 드려도 되고, 안 드려도 괜찮게 됩니다. 최근 들어 많은 사람이 '내 인생의 주인은 나다'라고 생각합니다.
Worship service will not be a priority. Many people deceive themselves by saying, "I am the master of my life." Those of us who

미국에 사는 우리와 같은 사람들은 '자신'을 더욱 우상화합니다. 자기 마음대로 말하고, 자기 마음대로 행동합니다. 자기가 하고

싶으면 하고, 자기가 하기 싫으면

live in the U.S., idolize ourselves. We say and do whatever pleases us. If I want to do it, then I just do it. If I do not want to do it,

안 해도 괜찮게 되는 것입니다. 그만큼 자신이 절대화되어 있습니다. 우리의 주인이신 하나님이 눈에 보이지 않습니다. 하나님의 말씀이

then I don't do it. "I" am the absolute. We tend to forget about God, the real master of our lives. We cannot hear His voice

우리 귀에 들리지 않습니다. 그러나 성경은 말씀합니다. "네 인생의 주인이 네가 아니고 하나님이시다." 그렇습니다. 우리 인생의 주인이신

in our busy lives. But the Bible clearly states, "You are not the master of your own life, God is." That's right. God has dominion

하나님, 역사의 주권을 한 손에 잡고 움직이시는 하나님, 오늘도 자기의 기쁘신 뜻을 따라 세상을 통치하시는 그 하나님을 분명히

over us. He holds the universe in His hands. We are to believe in God who is sovereign over all things and rules the world

알고 믿으라는 것입니다. 특별히 이민자의 삶은 정신적으로, 육신적으로 힘들며 피곤할 때가 많이 있습니다.
according to His perfect wisdom. Life as an immigrant is oftentimes toilsome, both physically and mentally.

광야처럼 덥고 추우며 위험하고 외로우며 불안합니다. 그러나 우리가 낙심하지 말아야 하는 것은,
It feels like we are in the wilderness. It gets hot, cold, dangerous and lonely. However, we should not be discouraged

절망하지 말아야 하는 것은 우리가 믿는 하나님이 계시기 때문입니다. 우리가 믿는 하나님은 오늘도 우리에게
or despair because God is with us. The God in whom we believe says,

1. 두려워하지 말라고 하십니다.
1. Do not be afraid.

"두려워 말라 놀라지 말라." "두려움"이라는 단어는 창세기에 처음 나옵니다. 하나님께서 천지 만물을 창조하시고
"Do not fear, be not dismayed." The word "Phobia" first appears in Genesis. After God created the heavens and the earth,

"선악을 알게 하는 나무의 열매는 먹지 말라 네가 먹는 날에는 반드시 죽으리라" 하고 아담에게 말씀하셨는데

He said, "But of the tree of the knowledge of good and evil you shall not eat, for in the day that you eat of it you shall

아담은 선악과를 따먹었습니다. 따먹고 난 후에 죄지은 것을 깨닫고 하나님 앞에 숨었습니다.

surely die." However, Adam and Eve ate its fruit. When he realized that he had sinned, Adam hid himself from the presence of the Lord.

드디어 하나님께서 "아담아, 네가 어디 있느냐?" 하시며 찾으실 때 아담은 두려워서 숨었다고 했습니다. 그러므로 두려움의 근원은 죄입니다.

Then, God said, "Adam, Where are you?" Adam said he hid himself because he was afraid. Thus, fear comes from sin.

하나님의 말씀을 불순종한 죄에 대한 심판이 두려운 것입니다. 그런데 그 두려움을 몰아낼 수 있는 것은 오직

We are afraid of judgment because we have disobeyed God and sinned against Him. But the only thing that can drive out that

하나님의 사랑입니다. 하나님의 용서와 긍휼입니다. 세상 사랑으로는 안 됩니다. 세상 사랑은 가짜가 많습니다.

fear is the love of God. It is God's mercy and forgiveness. Secular love is not enough. There is so much fake love in this world.

여러분을 위해서 대신 죽어 줄 사람이 누가 있을까요. 남편? 아내? 아무도 없습니다. 어떤 집사님이 부인이 죽으니까 가슴을 치며 울더랍니다.

Who in this world will die for you? Your husband or wife? There is none. A deacon once cried out in despair when his wife died.

그러지 않아도 되는데, 관이 땅속으로 내려갈 때 대성통곡을 하며 같이 죽겠다고 하더랍니다. 그런데 평소에 자기 아내 집사님에게 어떻게 했는지 알던, 집례하는 목사님께서

He wept bitterly when the coffin was lowered and said that he would die with her. However, the pastor who was officiating

그분이 너무 얄미워서 같이 죽으라고

the funeral knew how poorly the husband treated his wife when she was alive. After he said he would die with her,

슬쩍 밀어 넣었다는 것입니다. 그랬더니 그분이 반사적으로 기겁하며 뛰쳐나오더랍니다. 이게 세상 사랑입니다.
the pastor slightly pushed him towards the hole, but the man instinctively jumped away. This is what secular love looks like.

그러나 하나님의 사랑은 다릅니다. 하나님의 사랑은 변하지 않고 영원합니다. 그래서 하나님의 사랑에 붙잡힌 사람은 절대로 두려워하지 않습니다.
But God's love is different. God's love is eternal and unchanging. Thus, those who are loved by God do not need to be afraid.

영국 신학자인 존 웨슬리가 미국으로 와서 전도 집회를 했습니다. 나름대로 이곳저곳 다니면서 열심히 한다고 했는데
John Wesley, an English theologian, came to America to preach at a conference. Although he traveled and spoke at many places,

열매가 별로 없었습니다. 그가 낙심하여 다시 영국으로 돌아가는 배를 탔는데, 그 배가 대서양 한복판에 왔을 때 갑자기
much did not come from his efforts. Discouraged, he boarded a ship to return to England. However, on its way back there

태풍이 불고 풍랑이 일기 시작했습니다. 모두가 죽겠다고 아우성을 쳤습니다. 존 웨슬리도

was a great storm in the middle of the Atlantic Ocean. Everybody panicked and screamed in fear. John Wesley also thought

이제는 죽겠구나 하는 두려움에 떨기 시작했습니다. 그런데 그 배 안에는 모라비안 교도가 몇 명 타고 있었습니다.

he was going to die and trembled in fear. But there were several members of the Moravian Church on board.

존 웨슬리가 가만히 보니 그 풍랑 속에서 그 사람들은 두려워하지 않고 오히려 평안한 가운데서 찬송을 부르고 있었습니다.

John Wesley observed them and saw that none of them were afraid. In the midst of the storm, they were singing hymns in peace.

그 모습을 본 존 웨슬리는 이상해서 물었습니다. "당신들은 이 풍랑 속에서 어떻게 두려워하지 않고 평안하게 찬송을 부를 수 있습니까?"

John Wesley went up to them and asked, "How could you not be afraid and sing hymns in peace in the midst of this great storm?"

그때 그중 한 사람이 간단하게 대답을 했습니다. "우리는 하나님을 믿습니다." 그러면서 이 사람이 존 웨슬리에게 "하나님을 믿으세요"라고 하는 것입니다. 이 한마디에 웨슬리는 충격을 받았습니다.

One of them gave him a simple answer, "We believe in God." He, then, said to Wesley, "Believe in God." This came as a shock to Wesley.

자기는 지금까지 주의 종으로 복음을 증거해왔는데 자기가 하나님을 제대로 안 믿었다고 깨달은 것입니다.

He was previously proclaiming the gospel as the servant of the Lord, but he realized that his faith lacked substance.

그는 바로 하나님 앞에서 철저하게 회개했습니다. 그리고 하나님을 분명하게 믿고 다시 영국을 변화시키는 유명한 부흥사가 됩니다.

He immediately repented before God. Later on, he would become a remarkable revivalist who changed the nation of England.

우리는 가끔 착각합니다. 우리가 어떤 것을 사실이라고 인정하면 그게 사실이 된다고 말입니다. 또 우리가 어떤 것이 사실이라고 인정하지 않으면

Sometimes, we are mistaken. If we acknowledge something to be true, then it is true. If we do not acknowledge something

그것이 거짓이라고 믿습니다. 만일 우리가 어떤 것을 믿으면 그것이 진실이라고 보는 것입니다. 그리고 우리가 그것을 믿지 않으면 그것은 무조건 진실이 아니라고 보는 것입니다.
to be true, then it is not true. If we believe something, then it is true. If we do not believe something, then it is not true.

만약 우리가 이해하기 힘든 일이 있으면 그것을 사실로 받아들이지 않습니다. 그것을 그냥 거짓으로 받아들이는 것입니다. 그러나 이것은 오해입니다.
If we understand something, then it is a fact. If we do not understand something, then it is not a fact. However, that is wrong.

우리가 인정하든 안 하든 사실은 사실입니다. 여기에 무슨 동의가 필요합니까? 우리가 인정하든 안 하든
A fact is a fact whether we acknowledge it or not. A fact is a fact regardless of our opinions. Whether we believe it or not,

우리가 믿든 안 믿든 사실은 사실입니다. 우리가 목숨 걸고 믿더라도 사실이 아닌 것은 사실이 아니며

the truth does not change. We may believe something to be true with all our heart, but if it is not true, then it is not true.

우리가 아무리 부인해도 사실은 사실입니다. "사실"은 우리의 주관적 동의를 필요로 하지 않습니다.

The truth does not change no matter how many times we may deny it. A "fact" is not subjective, and so it does not require our consent.

그렇다면 우리가 하나님을 믿는다는 것이 무슨 의미입니까? 하나님과 우리의 관계와 관련이 있습니다. 우리가 하나님을 제대로 믿으면

So then, what does it mean to believe in God? This refers to our relationship with God. We experience the work of the Holy Spirit

우리에게 어떤 역사가 일어납니다. 예를 들면 "천국과 지옥"은 분명히 존재합니다. 그것을 우리가 믿으면 천국 가서 영원히 살게 됩니다.

when we properly believe in God. For example, "heaven and hell" certainly exist. If we believe this, then we will enjoy eternal life in heaven.

그런데 그것을 믿지 않으면 지옥에 가게 됩니다. 옛날 이스라엘 백성이 바벨론에 포로로 잡혀갔습니다.

If we do not believe this, then we will be thrown into hell. There was a time when the Israelites were taken captive in Babylon.

오랜 포로 생활로 이스라엘 백성은 지쳤습니다. 그런 중에 그들 마음에 회의가 생기고 걱정과 불안이 싹트기 시작했습니다.

They were exhausted from their long captivity. Gradually, doubts arose in their hearts, and they became filled with anxiety.

'하나님께서 우리를 잊으셨나? 우리를 버리셨나? 이렇게 살다가는 고국에 돌아가 보지도 못하고 이국땅에서 종살이나

"Has God forgotten us? Has God abandoned us? We will never be able to return to our homeland. Will we die as slaves in this

하다가 인생 끝나는 것은 아닌가?' 그들은 두려웠습니다. 바로 이때 하나님께서는 이사야 선지자를 통하여 "두려워 말라, 놀라지 말라"라고 하십니다.

foreign land?" They were afraid. It was then that God spoke through the prophet Isaiah, "Fear not, be not dismayed."

우리가 믿는 하나님은 오늘도 우리에게 세상 때문에, 사람 때문에 두려워하지 말라고 내가 너희들을 건져준다고 말씀하십니다.

Our God still speaks to us and says, "Do not fear the world. Do not be dismayed because of the people in this world. I will deliver you."

2. 우리와 함께하신다고 약속하십니다.
2. He promises to be with us.

"내가 너와 함께함이니라, 나는 네 하나님이 됨이라." 하나님이 사랑하는 자녀에게 주시는 가장 큰 축복이 무엇이라고 생각하십니까? 건강입니까? 재물입니까?

"I am with you, I am your God." What would you say is the greatest blessing that God gives to His children? Health? Wealth?

아닙니다. 함께해주시는 축복입니다. 일찍이 예수님께서 이 땅에 오셔서 죄로

No. The greatest blessing is that God is with us. Jesus came into this world and cleansed our sins with the blood that

말미암아 잃어버렸던 인간들을 십자가의 보혈로 다시 찾으시고

구원해주신 뒤 부활, 승천하시면서 제자들에게
he shed on the cross. He restored and saved us. He resurrected from the dead and ascended to heaven. But what were the

마지막으로 남겨주신 것이 무엇입니까? "볼지어다. 내가 세상 끝날까지 너희와 항상 함께 있으리라"하는 약속입니다.
last words that Jesus spoke to his disciples? He promised them, "Behold, I am with you always, to the end of the age."

천지 만물을 창조하신 하나님, 인간의 죄를 용서하시고 구속하신 하나님, 오늘도 자기의 기쁘신 뜻대로 인간의 생사화복과
The God who created the heavens and the earth, the God who saved mankind from their sins, the God who has dominion over

우주 만물을 다스리시는 그 하나님께서 세상 끝날까지 우리와 함께하신다는데, 그것보다 더 귀한 축복이 어디에 있습니까?
all things and rules over this world in perfect wisdom promises to be with us to the end of the age. Is there any greater blessing than this?

그래서 하나님께서는 성경 속에서 자기가 가장 사랑하는 사람에게는 언제나 함께하신다고 말씀하십니다. "아브라함아, 내가 너

와 함께하리라."

Thus, God always said this to the people He loved the most, "Abraham, I am with you."

"야곱아, 네가 어디로 가든지 내가 너와 함께하리라." 그래서 그들은 축복의 사람이 됐습니다.

"Jacob, I am with you and will keep you wherever you go." This is how they became the source of blessing for others.

오늘도 하나님께서는 여기 우리 한 사람 한 사람의 이름을 부르시면서 "아무개야, 나는 네 하나님이다. 내가 너와 함께하리라"라고 말씀하십니다.

Even today, God calls each and every one of us by name and says, "So-and-so, I am your God. I am with you."

이스라엘 백성이 바벨론에 포로로 잡혀갈 때 당시 임금은 느부갓네살이었습니다. 그는 온 천하를 정복하고

When the Israelites were taken captive, the king of Babylon was Nebuchadnezzar. He conquered the whole known world

권세가 대단했습니다. 어느 날, 그는 사방에서 다 볼 수 있는 큰 금신상을 만들어 세우고 자기 권세를 과시했습니다.

and had great power. In order to show off his power, he

erected a large golden statue of himself that could be seen by everyone.

누구든지 나팔소리가 나면 그 금신상 앞에 꿇어 엎드려 절하라고 했습니다. 만일 그 명령에 불복종하면 누구든지 지위 고하를 막론하고

Everyone was to bow down before the golden statue when they heard the trumpet sound. Anyone who failed to do this

뜨거운 풀무불 속에 집어 던질 것이라고 엄명했습니다. 그때 포로로 잡혀갔던 유대인들 중에 사드락, 메삭, 아벳느고라고 하는

was told to be thrown into a fiery furnace regardless of their status. Shadrach, Meshach, and Abednego were Jews who had

세 청년은 신앙심이 돈독했습니다. 그들은 아무리 세상 왕의 권세가 높아도 하나님과는 비교가

been taken captive. These three young men had solid faith. They believed that no kings of this earth could not be compared with God,

안 된다고 믿었습니다. 세상 왕의 명령보다 하나님의 말씀이 더 권위 있다고 믿었습니다.

no matter how great they appeared. They believed that God's

Word had more authority than the authority of kings of this earth.

그래서 나팔소리가 날 때 다른 사람은 모두 신상을 향해 엎드려 절을 해도 이들은 고개

For this reason, they refused to bow down to the statue when they heard the trumpet sound. They stood firm even when

하나 까딱하지 않았습니다. 결국 그들은 왕에게 붙잡혀 갔습니다. 왕이 호통을 칩니다. 그러나 세 사람은 조금도

they saw others bow down. As a result, they were taken to King Nebuchadnezzar. The three young men did not give in

굴하지 않았습니다. 뜨거운 풀무불 속에 들어간다고 해도 하나님을 향한 일편단심, 그들의 뜻을 굽힐 수 없다고 했습니다.

to the king's demands. Even if they were to be thrown into a fiery furnace, they chose to obey God alone.

자기들이 믿는 하나님은 그 어떤 일이 있어도 언제나 함께 해주시고 자기들을 구원해 주실 것을 굳게 믿고 있었습니다. 결국 세 사람은

The men firmly believed that God would always be with them, and deliver them from any circumstances. Consequently,

왕의 노여움을 사서 꽁꽁 묶여 그 당시 최고 무서운 사형제도인 뜨거운 풀무불, 용광로에 던져지게 됐습니다.
the king became irate and threw them into a fiery furnace. At the time, this was the most terrifying way to die.

느브갓네살 왕이 얼마나 화가 났는지 평소보다 풀무불을 일곱 배나 더 뜨겁게 만들라고 명령했습니다.
King Nebuchadnezzar was so angry that he even ordered the furnace to be heated seven times more than it was usually heated.

세 사람이 풀무불에 던져졌습니다. 얼마나 불이 뜨거웠으면 형을 집행하던 사람들이 순식간에 불 기운에 타죽을 정도였습니다.
Then, the three young men were thrown into the furnace. It was so hot that the heat killed those who took the three men into the furnace.

그런데 이게 웬일입니까? 분명히 세 사람을 던졌는데 네 사람이 풀무불 속을 자유롭게 거닐고 있었습니다.
But what a surprise! Three men were thrown into the furnace, but four men were seen walking in the midst of the fire.

그 한 사람은 이 세 사람을 지켜주기 위해서 하나님께서 보내신

천사였습니다.

One of them was an angel sent by God to protect the three young men.

나중에 나오는데 보니까 그들의 머리카락 하나 상하지 않고 옷자락 하나 불타지 않고 깨끗한 몸으로 나왔습니다.

When they came out of the fire, not even one hair was singed. Their cloaks were not harmed. They came out untouched.

하나님께서 함께하시며 지켜주신 것입니다. 성경에 나오는 수많은 믿음의 사람, 역사를 빛냈던 훌륭한 인물들, 그들은 모두 하나같이 하나님께서 함께한 사람들이었습니다.

God was with them. He protected them. All the men and women of faith in the Bible were great because God was with them.

그렇습니다. 우리가 믿는 하나님은 언제나 우리와 함께 해주십니다. 물 가운데, 불 가운데 지날 때도 우리를 떠나지 아니하시고 함께 해주신다는 것입니다.

That's right. The God we believe in is always with us. Whether we pass through water or fire, God is with us. He will never leave us.

평안할 때만이 아닙니다. 힘들고 어려울 때 고난 가운데 있을 때도 함께 해주십니다. 불행할 때도 가난 가운데서도 우리 곁을 떠나지 않으십니다.

He is not only with us when everything is going well, but also with us when we endure trials. God will never abandon us.

병 중에도 환란 속에서도 우리를 떠나지 아니하시고 언제나 함께 해주십니다. 그 어떤 위기 상황 가운데서도 하나님께서는 우리를 절대로 혼자 버려두지 않으시고

He is always with us in our sickness, poverty, and affliction. When we face a life crisis, God never leaves us alone. Rather,

함께 해주십니다. 그렇습니다. 우리가 하나님의 함께 하심을 믿으면 언제 어디에서나 환경을 초월해서 긍지와 자부심을 가지고 살 수 있습니다.

He is always with us. That's right. We can live with confidence and dignity if we believe that God is always with us.

항상 주 안에서 기뻐할 수 있습니다. 범사에 감사할 수 있습니다. 사망의 음침한 골짜기에서도

Thus, we can always rejoice in the Lord. We can give thanks in all our circumstances. We will not fear even as we walk

두려워하지 않습니다. 전쟁 중에서도 겁나지 않습니다. 코로나 바이러스도 겁나지 않고 두려워하지 않습니다.

through the valley of shadow and death. We will not be afraid during war. We will not even be afraid of the coronavirus.

3. 하나님께서 대적을 물리쳐주신다고 약속하십니다.
3. He promises to defeat our enemies.

"보라, 네게 노하던 자들이 수치와 욕을 당할 것이요 너와 다투는 자들이

"Behold, all who are incensed against you shall be put to shame and confounded; those who strive against you shall be as nothing

멸망할 것이니라." 모든 일에는 반대 세력이 있습니다. 방해를 놓는 것이 있습니다. 그런데 그것을 힘들게 생각할 필요가 없습니다.

and shall perish." There is opposition in all things. There will always be some difficulty. There is no need to be concerned about these things.

골키퍼 없는 축구가 뭐 재미있겠습니까? 상대가 있어야 합니다.

지혜로운 유도 선수는 상대의 힘을 역이용해서 이긴다고 합니다. 〈늑대와 춤을〉이라는 영화가 있습니다. 늑대라는 반대 세력을 무서워하지 않고 늑대와 함께 살아가는 이야기입니다. 그러므로 이 세상을 살아갈 때 방해하는 것, 반대되는 것들을 무서워하지 말아야 합니다. 마틴 루터도 하나님의 말씀을 붙들고 믿음으로 로마 가톨릭을 대항해 싸웠습니다. 힘든 싸움이었습니다. 달걀로 바위를 깨는 싸움이었습니다.

한 번은 그가 낙심돼서 한숨 쉬며 이불을 뒤집어쓰고 있는데 아내가 검은 상복을 입고 들어오는 것입니다.

Would playing soccer be fun without a goalkeeper? We always need an adversary. It is said that a wise judo player wins by using the opponent's energy against them. There is an old movie called, <Dances with Wolves>. We live among wolves, but should not fear them. Thus, we should not be afraid of opposing forces in our lives. Martin Luther also fought against the Roman Catholics by remaining faithful to God. It was a tough battle. It was as if he was banging his head against a wall.

One day, he was so discouraged that he lay on his bed. Suddenly, his wife came in dressed in a black mourning dress.

루터가 깜짝 놀라면서 물었습니다. "여보, 누가 죽었소?" "당신이 믿는 하나님이 죽었습니다." "아니 여보,
Luther was shocked and asked, "Honey, who died?" She replied, "The God you believe in died." Luther said, "Honey, how could

무슨 말을 그렇게 합니까? 하나님이 어떻게 죽습니까?" 그때 루터의 아내가 "하나님이 죽지 않으셨다면 어떻게 당신이 그렇게 낙심할 수 있습니까?"라고 하는 것입니다. 루터가 그 소리를 듣고 깜짝 놀랐습니다.
you say such a thing? How could our God die?" His wife replied, "If God is not dead, why are you so discouraged?" Luther was shocked.

'그렇구나! 하나님이 살아계시는데 내가 이렇게 낙심하다니, 하나님, 잘못했습니다.' 그는 다시 믿음으로
He thought to himself, 'Yes! How could I remain discouraged if my God is alive? God, please forgive me.' He then rose up

일어나 "오직 의인은 믿음으로 말미암아 살리라"라고 고백합니

다. 그 믿음을 가지고 종교개혁을 일으켰습니다. 유명한 흑인 가수인
and confessed, "The righteous shall live by faith." He then went on to spark the Protestant Reformation. Roland Hayes,

놀란드 헤이즈가 독일 베를린에서 독창회를 가졌습니다. 청중은 모두 백인이었습니다. 시간이 되어 헤이즈가
a famous black singer, had a concert in Berlin, Germany. The audience was all white. When the time came, Hayes went up to

노래를 하려고 무대에 나갔더니 갑자기 누군가가 소리쳤습니다. 흑인 노래, 검둥이의 노래는 들을 수 없다고 집어치우라고
the stage to sing. Suddenly, someone cried out in a loud voice, "It is disgraceful to hear a black person sing." People began to

하면서 무엇이 무대로 막 날라왔습니다. 얼마나 치욕스러운 일입니까? 그 가수도 이에 맞서 욕을 하고 돌아서는데
throw things at him. How embarrassing would this have been? The singer himself was tired of this and turned his back to step off the stage.

그의 앞을 가로막는 환상이 있었습니다. 그것은 빌라도 법정 앞에 선 예수님의 모습이었습니다. 온갖 모욕을

At that time, he saw a vision. He saw an image of Jesus standing before Pontius Pilate's court. Although he was mocked

당하면서도 아무 말씀이 없는 예수님의 모습이었습니다. 헤이즈는 그 환상을 보고 청중 쪽을 향해서 고개를 숙이고 하나님께 기도합니다.

and shamed, Jesus remained silent. After seeing this vision, Hayes turned back towards the audience and began to pray.

눈에는 눈물이 주르륵 흐르고 10분이 흘렀을까요? 헤이즈는 목소리를 가다듬고 노래를 부르기 시작합니다. 그 모습에 사람들이 깊은 감동을 하였고 노래가 끝났을 때

Tears fell down and about 10 minutes passed. He cleared his throat and began to sing. The audience was moved by his performance,

우레와 같은 박수가 터져 나왔습니다. 그렇습니다. 우리의 환경이 아무리 어렵고 힘들어도 무서워하거나 두려워할 필요가 없습니다.

and even clapped together. That's right. There is no need to be afraid no matter how great of a hardship we may face.

우리의 구원 되신 하나님께서 천군 천사를 동원하셔서 지켜주시고 대적을 물리쳐 주시겠다는 것입니다. 구원은 하나님께 있습니다.

The God of our salvation promises to defeat our enemies and protect us with a host of angels. Our salvation belongs to the Lord.

인생의 승리도 성공도 하나님께 있습니다. 우리가 믿는 하나님의 힘은 영원한 것입니다. "우리와 함께 해주신 구원의 하나님이 저들보다 강하니라."

Success in life belongs to the Lord as well. The power of our God is eternal. "The God of our salvation is superior to all others."

인간은 강한 것 같지만 약합니다. 누군가의 도움이 필요합니다. 누군가가 붙들어 주어야 합니다.

Humans may appear strong on the outside, but they are weak. We always need someone's help. Someone needs to support us.

우리가 믿는 하나님께서는 "내가 너를 굳세게 붙들어 주리라, 내가 너를 도와주리라"라고 말씀하십니다.

The God we believe in has said, "I will uphold you. I will help you."

사랑하는 성도 여러분, 세상을 두려워하지 말고 우리와 함께하셔서 대적을 물리쳐주시는

Beloved saints, I pray in the name of the Lord that you will not be afraid of this world. May you trust in the Lord who will

하나님을 믿고 승리하시기를 주님의 이름으로 축원합니다.

defeat our enemies and bring us victory.

**BILINGUAL
GOSPEL SERMONS
IN REFORMED
THEOLOGICAL
FOUNDATIONS**

2

용기 있는 사람들
The Brave

사도행전 4장 12~21절

"다른 이로써는 구원을 받을 수 없나니 천하 사람 중에 구원을 받을 만한 다른 이름을 우리에게 주신 일이 없음이라 하였더라 그들이 베드로와 요한이 담대하게 말함을 보고 그들을 본래 학문 없는 범인으로 알았다가 이상히 여기며 또 전에 예수와 함께 있던 줄도 알고 또 병 나은 사람이 그들과 함께 서 있는 것을 보고 비난할 말이 없는지라 명하여 공회에서 나가라 하고 서로 의논하여 이르되 이 사람들을 어떻게 할까 그들로 말미암아 유명한 표적 나타난 것이 예루살렘에 사는 모든 사람에게 알려졌으니 우리도 부인할 수 없는지라 이것이 민간에 더 퍼지지 못하게 그들을 위협하여 이 후에는 이 이름으로 아무에게도 말하지 말게 하자 하고 그들을 불러 경고하여 도무지 예수의 이름으로 말하지도 말고 가르치지도 말라 하니 베드로와 요한이 대답하여 이르되 하나님 앞에서 너희의 말을 듣는 것이 하나님의 말씀을 듣는 것보다 옳은가 판단하라 우리는 보고 들은 것을 말하지 아니할 수 없다 하니 관리들이 백성들 때문에 그들을 어떻게 처벌할지 방법을 찾지 못하고 다시 위협하여 놓아 주었으니 이는 모든 사람이 그 된 일을 보고 하나님께 영광을 돌림이라."

Acts 4:12~21

Salvation is found in no one else, for there is no other name under heaven given to men by which we must be saved." When they saw the courage of Peter and John and realized that they were unschooled, ordinary men, they were astonished and they took note that these men had been with Jesus. But since they could see the man who had been healed standing there with them, there was nothing they could say. So they ordered them to withdraw from the Sanhedrin and then conferred together. "What are we going to do with these men?" they asked. "Everybody living in Jerusalem knows they have done an outstanding miracle, and we cannot deny it. But to stop this thing from spreading any further among the people, we must warn these men to speak no longer to anyone in this name." Then they called them in again and commanded them not to speak or teach at all in the name of Jesus. But Peter and John replied, "Judge for yourselves whether it is right in God's sight to obey you rather than God. For we cannot help speaking about what we have seen and heard." After further threats they let them go. They could not decide how to punish them, because all the people were praising God for what had happened.

●

탈무드에 보면 "가장 힘센 자가 누구냐? 자기 자신을 이기는 자"라고 했습니다. 성공은 자신과의 싸움입니다.

"Who is the strongest person?" The Talmud text reads, "The one who has self-discipline." Success is often a battle against oneself.

자신을 어떻게 관리하느냐에 따라 인생의 성공이 좌우되는 것입니다. 사람들은 가끔 이런 세상에서 살고 싶지 않다는 말을 합니다.

One's success depends on how a person manages oneself. Some people say they do not want to live in a world like ours.

특히 요즈음과 같이 살기가 각박하고 Covid-19 때문에 마음대로 무엇이 잘 안 되고 불황으로 고달픈 생을 살다 보면,

Especially during difficult times, like now with Covid-19 where things do not go as planned, people are even tempted to

죽고 싶다는 삶의 회의를 느끼는 사람도 많습니다. 그런가 하면 환경을 이기지 못하고 스스로 목숨을 끊어버리는 사람들도 있습니다.

end their lives. Immense suffering may lead to suicidal thoughts. Some people end up taking their lives because they cannot bear the burdens of their life any longer.

그런데 죽음이 인생의 모든 문제로부터 피하는 길이라는 생각만큼 큰 착각은 없습니다. 현대인의 결정적인 약점이 무엇이라고 생각합니까?

However, it is a mistake to think that death will help us escape from all the problems of this world. What would you say is the greatest weakness of people these days?

현대인들에게는 용기가 없습니다. 우리 2세들을 보면 상당한 지식과 기술이 있습니다.

Their greatest weakness is that they lack courage. When we look at our children, we know that they have the knowledge and skills to succeed in life.

돈도 많이 벌고 있습니다. 그런데 용기가 없습니다. 열정이 약합니다. 옛날에는 다른 사람들 탓을 하며 원망을 하는 사람들이 많았습니다.

They are also making good money. Nevertheless, they lack courage. They lack passion. In the past, people blamed others.

그런데 요즘에는 자신에 대해서 불신하고 자기 존재에 회의를 느끼는 사람이 많습니다. 그러니 어떻게 인생을 보람되고 멋있고 아름답게 살 수 있습니까? 그래서 사람에게는

But now, the vast majority of people doubt themselves. How can they enjoy their lives and live happily? People need courage

행복과 성공을 위해서는 누구에게나 용기가 필요합니다. 그렇다면 용기가 언제 어떻게 생깁니까? 세상에는 지식에서 오는 용기,

in order to be happy. They need to be brave in order to succeed in life. So then, where does courage come from? One can get courage

재물에서 오는 용기, 건강에서 오는 용기, 권세에서 오는 용기들이 있습니다. 그런데 모든 용기는 상대적입니다. 그래서 이런 용기는

from knowledge, wealth, health, or authority. However, these things are all relative. Consequently, this kind of courage

오래 가지 못합니다. 완전하지 않기 때문에 수시로 변합니다. 그

러나 우리에게는 하나님으로 인한 용기가 있습니다.

does not last long. It is unstable because it constantly changes. Rather, our courage should come from God. This kind of courage

이 용기는 절대적입니다. 변함이 없습니다. 하나님을 믿는 신앙의 용기이기 때문에 환경에 지배받지 않습니다.

is absolute. It is immovable. Courage through faith in God cannot be affected by external factors.

건강하든 병들든 지위가 높든 낮든 상관이 없습니다. 하나님 덕분에 용기를 가지고 살아갑니다.

Those who are in God are courageous regardless of their socio-economic status or circumstance. Their courage does not depend on their health.

초대교회 성도들은 많은 면에서 우리에게 본이 됩니다. 왜냐하면, 역사적으로 볼 때 그 당시에 신앙생활을 한다는 것은 쉬운 일이 아니었습니다.

The early church set a good example for us. Historically, it was extremely difficult to keep one's faith at that time.

예수를 믿는다는 것은 때로는 목숨을 걸고 믿어야 했기 때문에 형식적으로나 위선적으로 신앙생활을 할 수 없었습니다.
Believers had to risk their lives to believe in Jesus. One could not simply fake their faith.

용기가 필요했습니다. 그래서 그들은 무엇보다도 먼저 사도들의 가르침을 잘 받아서 올바른 신앙생활을 했습니다.
They had to be courageous in order to stand firm in the faith for fear of prosecution. For this reason, they held onto the teachings of the apostles.

그들은 늘 깨어서 열심히 기도했습니다. 모이기를 힘썼습니다. 만날 때마다 서로 사랑의 교제를 했습니다.
They kept watch and prayed diligently. They strived to gather together in prayer and worship. In love, they had fellowship every time they met.

그리고 만날 때마다 자신의 믿음이 올바른지 돌아보며 서로 고백하면서 점검을 했습니다. 그렇습니다. 예수 믿는 우리는 하나님 때문에 용기가 있어야 합니다.
Moreover, they confessed their sins to one another and examined their faith daily. That's right. Those of us who believe in Jesus must be courageous

우리는 세상 사람들이 감당할 수 없는 힘 있는 사람들입니다. 히브리서 기자는 아브라함, 이삭, 야곱, 요셉 같은 믿음의
because the world cannot harm us. The writer of Hebrews listed out patriarchs such as Abraham,

조상들을 나열하고 그들의 생애와 믿음의 위대함을 기록했습니다. 그리고 결론에 가서 "이런 사람은 세상이 감당치 못하도다"라고 적었습니다.
Isaac, Jacob, and Joseph to show their great faith in God. In the end, he wrote, "Of whom the world was not worthy."

그들은 용기 있는 사람들이었다고 기록하고 있습니다. 그런데 베드로와 요한은 처음에는 용기 있는 사람이 아니었습니다.
They were great courageous men. However, Peter and John were not courageous from the beginning.

원래 베드로는 예수님을 모른다고 계집종 앞에서도 부들부들 떠는 연약하고 평범한 사람이었습니다. 그런데 베드로와 요한이 달라졌습니다.
Peter was an ordinary person who had denied Jesus and even trembled before a slave girl. But Peter and John were transformed.

그들은 용기 있는 사람이 됐습니다. 더 이상 그 어떤 어려운 핍박이나 환란을 두려워하지 않았습니다. 죽음까지도 무서워하지 않는 용기 있는 사람이 됐습니다.

They became great men of courage. They no longer feared persecution. They became brave men who did not even fear death.

왜 그렇게 됐습니까? 그 배경은 이렇습니다. 베드로와 요한이 날 때부터 걷지 못하던 앉은뱅이를 "나사렛 예수 그리스도의 이름으로

What had happened? This was what happened to them. When Peter and John commanded the lame man to rise up and

일어나 걸으라" 하고 선포했을 때 앉은뱅이가 일어났습니다. 옆에 있던 사람들이 깜짝 놀랍니다. 신기해서 주변에 있던 사람들이

walk in the name of Jesus, the lame man stood and began to walk. Everyone who saw this was astonished. People began to gather

모여들었습니다. 날 때부터 걷지 못하던 사람이 고침 받았는데 왜 안 놀라겠어요? 이것은 동화 속에서만 나올 법한 이야기입니다.

at this miraculous sight. How could they not be surprised? They were all amazed. This was something that could only appear in fairy tales.

현실 속에서나 일상에서는 볼 수 없는 기적입니다. 메시아만이 할 수 있는 일이 지금 일어난 것입니다. 하나님만이 하실 수 있는
It was impossible to see something like this in real life. Only the Messiah could have done this. This was a miracle

신적인 능력이 나타난 것입니다. 이것은 일반적인 사람들이 결코 할 수 없는 일입니다. 오직 하나님만이 하실 수 있습니다.
that only God could have performed. This was not something that ordinary people could do. Only God could do such a thing.

그런데 평범한 사람인 베드로와 요한이 했으니 사람들이 모여들어 쳐다보는 것입니다. 그때 베드로는 이렇게 질문을 합니다.
Thus, people gathered together and stared at Peter and John because they were seemingly ordinary people. Peter began preaching by saying,

"이스라엘 사람들아, 이 일을 왜 놀랍게 여기느냐? 우리 개인의 권능과 경건으로 이 사람을 걷게 한 것처럼 왜 우리를 주목하느냐?"
"Men of Israel, why do you wonder at this, or why do you

stare at us, as though by our own power or piety we have made him walk?"

그리고 이어서 설교를 시작합니다. "그 이름을 믿으므로 그 이름이 너희가 보고 아는 이 사람을 성하게 하였나니 예수로 말미암아
"And his name by faith in his name has made this man strong whom you see and know,

난 믿음이 너희 모든 사람 앞에서 이같이 완전히 낫게 하였느니라." 다시 말해서 예수 그리스도의 이름을 믿음으로
and the faith that is through Jesus has given the man this perfect health in the presence of you all." In other words, the lame man was healed

이 사람이 낫게 되었다는 것입니다. 베드로는 "내가 이 사람을 고친 것 같이 왜 나를 주목합니까, 나 아닙니다. 예수님이 하셨습니다"라고 말했습니다.
by his faith in Jesus Christ. Peter proclaimed, "Do not focus on me, for I did not heal this man. Not I, but Jesus Christ healed him."

베드로는 그 능력의 근원이 어디서 나왔는지 정확히 말했습니다. 그는 조금도 주저함이 없었습니다.

Peter explained the source of that power clearly. Peter did not hesitate at all.

그 능력은 우리에게서 나오지 않습니다. 하늘과 땅의 모든 권세와 능력과 지혜와 부와 모든 것이 예수 그리스도에게 속했습니다.
The power does not come from us. All power, authority, wisdom, and riches in heaven and on earth belong to Jesus Christ.

그러므로 사탄은 아무것도 가지고 있지 않습니다. 세상은 그런 능력을 절대로 주지 못합니다. 오직 예수 그리스도로부터 나오는 것입니다. 이 세상을
Satan does not have any power. The world can never give that kind of power. It only comes from Jesus Christ. Only God can

살아갈 때 정말 필요한 것은 하나님으로부터 나옵니다. 그래서 베드로는 "다른 이로써는 구원을 받을 수 없나니 천하 사람 중에
give us what we really need in this world. So, Peter continued, "And there is salvation in no one else, for there is no other name

구원을 받을 만한 다른 이름을 우리에게 주신 일이 없음이라"라고 말합니다. 이 메시지가 하나님이 교회에 주신 메시지입니다.
under heaven given among men by which we must be saved."

This is the message that God gave to the church.

다른 어느 조직, 어느 단체, 어느 사람에게도 이 메시지를 주신 적이 없고 하나님이 오직 교회에만 주신 메시지입니다.
This message has never been given to any other organization or person. God has given it only to the church.

그럼 베드로와 요한의 용기는 어떤 용기입니까?
So then, what was the basis of Peter and John's courage?

1. 그들의 용기는 믿음에 근거했습니다.
1. Their courage was based on faith.

이 세상에 많은 사람, 특히 자본주의 미국에 사는 우리는 대부분 돈의 위력 때문에
Many people in this world, especially those of us who live in the U.S., love money and the power it brings. As a result,

돈을 좋아하고 돈을 의지하려고 합니다. 하지만 그 돈은 믿을 게 못 됩니다. 돌고 도는 것이 돈입니다. 오늘은 내 주머니에 있던 돈이
many of us depend on money. However, we cannot trust

money. Around and around money goes. The money that is in

내일은 여러분 주머니에 들어가기도 합니다. 그래서 돈을 의지하면 안 됩니다. 그러다가는 낙심하게 됩니다.
my pocket today might be yours tomorrow. Thus, we should not depend on money. Or else we will become discouraged.

비트코인 때문에 망하고 죽는 사람이 많습니다. 세상 권세, 명예도 박수 소리가 끝나기도 전에 수치를 당하고
So many people have gone bankrupt and died because of Bitcoin. So many people who once enjoyed fame and authority

부끄러움을 당하는 경우가 많습니다. 그러면 사람은 믿을 만합니까? 아닙니다. 시편 기자는 "너희는 인생을 의지하지 말며 방백들도 의지하지 말라"고 합니다.
before have now been humiliated. So then, are people trustworthy? No. A psalmist said, "Put not your trust in princes, in a son of man."

사람도 믿지 말라는 것입니다. 인생은 잠깐 보이다가 없어지는 안개와 같기 때문에 근본적으로 믿을 것이 못 됩니다.
People are not trustworthy. Life is like a mist - it does not last.

Thus, we cannot trust in the things of this world.

다만 우리가 하나님을 믿기에 그 믿음 안에서 결혼도 하고 가정생활도 하고 사업도 하고 인간관계도 맺는 것입니다. 그렇습니다.
However, our faith in God enables us to enjoy marriage, family, work, and relationships with others. That's right.

베드로와 요한의 용기는 하나님을 믿는 절대적 믿음에 근거했습니다. 상대적 믿음으로는 그와 같은 용기가 있을 수 없습니다.
Peter and John's courage was based on their absolute faith in God. No other faith could produce such courage.

그들의 믿음은 추상적인 이론이나 지식이 아니라 하나의 역사적 사건이었습니다. 예수님의 십자가와 부활에 나타난 계시를 기반으로 믿음을 세웠습니다.
Their faith was real and not theorized. Their faith was rooted in the death of Jesus Christ and the resurrection of the Risen King.

그래서 예수님의 죽으심과 고난에 동참하는 것을 즐거워했습니다. 베드로를 통해서 설교를 들은 많은 사람이
As a result, they delighted in sharing in the suffering and death of Jesus. As Peter preached, many were freed and liberated

믿음으로 자유를 얻었습니다. 기적을 체험한 사람들은 회개하고 구원받고 은혜를 받았습니다. 그런데 아이러니하게도 베드로와 요한은

from their sins by faith. Those who experienced miracles repented and were saved. Ironically, Peter and John were subsequently

감옥에 갇혀 고통을 당했습니다. 이것이 기독교의 역사입니다. 초대교회 성도들은 예수를 믿는 이유를 정확히 알고 있었습니다.

imprisoned and suffered persecution. This is the history of Christianity. The early church members clearly understood why they believed in Jesus Christ.

즉, 그들은 그들이 죄인이며 예수님께서 그들을 위해 죽으심을 공공연하게 고백했습니다.

In other words, they openly confessed that Jesus Christ died for them while they were still sinners.

그들은 예수님께서 그들의 죄를 위해 십자가에 돌아가신 것을 알았습니다. 그들이 모여서 떡을 뗄 때마다

They believed that Jesus took to the cross to pay for their sins. Every time they gathered to break bread, they remembered

예수 그리스도의 찢기신 살과 흘리신 피를 기념했습니다. 자신들이 가지고 있는 모든 것, 생명까지도 주님을 위해 바치는 데 주저하지 않았습니다.

Christ's flesh and blood that was shed on the cross. They did not hesitate to give everything they had to the Lord, even their lives.

왜정 말기에 광주 지방법원의 공판 기록을 보면 담당 판사가 "신사를 어떻게 보느냐"라고 손양원 목사님께 이렇게

At the end of the Japanese occupation in Korea, Trial court records of the Gwangju District Court showed that a judge asked

질문했습니다. "신사를 어떻게 보십니까?" 그 질문에 손 목사님은 "신사를 우상으로 봅니다"라고 당당하게 대답했습니다.

Pastor Yang-won Sohn a question, "What is your view on the Shinto Shrine?" Pastor Yang answered boldly, "It is idolatry."

그뿐 아니라 "일본 천황도 예수 안 믿으면 지옥 갑니다"라고 이어서 말했습니다. 이런 용기는 하나님만을 의지하는 믿음에서 나옵니다.

He went on and said, "Even the emperor of Japan will go to hell if he does not believe in Jesus." This kind of courage only comes when you have faith in God.

믿음을 소유한 자의 용기는 이처럼 비굴하지 않고 당당합니다. 그렇습니다. 오늘날 신앙생활을 하는 성도 중에

Those who have faith are brave - they do now cower. That's right. One thing that believers lack

가장 약한 점이 있다면 구원받은 은총에 대한 감격이 없다는 것입니다. 그래서 교회는 다니는데

today is that they are not deeply moved by God's gracious act of salvation. As a result, they come to church, but they are not

예수 그리스도와 나와의 관계를 잘 모른다는 것입니다. 페니실린을 발견해서 인류사회에 큰 공헌을 끼친 알렉산더 플레밍 박사에게 어떤 사람이

aware of where they stand in their relationship with Jesus Christ. Sir Alexander Fleming, a Scottish microbiologist who discovered penicillin,

"당신 생애에서 발견한 것 중에 가장 위대한 발견은 무엇입니까?"라고 물었습니다. 사람들은 당연히 "페니실린"이라고 대답할 줄 알았는데

was asked, "What is the greatest discovery in your life?" Everyone was expecting him to say, "Penicillin." After much thought,

그는 잠시 생각에 잠겼다가 "내 생애 가장 큰 발견은 나는 죄인이요. 예수 그리스도는 나의 구세주라는 것입니다"라고 답했습니다. 그렇습니다.

he replied, "The greatest discovery in my life was that I am a sinner and Jesus Christ is my Savior." That's right.

초대교회 성도들은 그들이 만나는 사람들에게 예수님을 전했습니다. "우리는 예수님의 십자가 때문에 구원을 받았습니다."
The members of the early church testified of Jesus Christ to everyone they met. They said, "We have been saved because of the death of Jesus Christ."

그들은 이 복음을 담대히 전하고 회개하고 예수님을 우리의 주인으로 믿으라고 사람들에게 말했습니다.
They boldly proclaimed the gospel and called everyone to repent and believe in Jesus Christ as their Lord and Savior.

그렇습니다. 우리의 구원은 우연히 이루어진 것이 아니라 우리를 사랑하시는 하나님께서 예수님을 이 땅에
That's right. We are not saved by accident. For God so loved the world, He sent His Son Jesus Christ

보내사 십자가에서 우리의 죄값을 치르고 구원해 주셨습니다.

이것이 복음의 핵심입니다. 그래서 초대교회 성도들은 모일 때마다
into this world to die on the cross on our behalf. This is the crux of the gospel. The members of the early church

예수님을 향해서 사랑과 생명 바쳐 충성을 맹세했습니다. 고난은 여전히 고난입니다.
pledged their loyalty to Jesus every time they gathered together. They committed their lives to Jesus in love. However, suffering is still suffering.

매 맞는 일은 절대로 즐거운 일이 아닙니다. 감옥에 갇히는 일은 예나 지금이나 어렵고 힘든 일입니다.
Persecution is never a pleasant action. Imprisonment is as difficult now as it was before.

그러나 복음이 전파되고 영혼을 구원하기 위해서는 누군가가 고통을 당해야 합니다.
However, someone must suffer in order for the gospel to reach the lost.

그러므로 우리는 생명 걸고 주님을 위해서 고난과 핍박받을 각오를 해야 합니다. 그래야 교회가 삽니다.

Therefore, we must be prepared to be persecuted for the Lord. We must risk our lives so that the church can live.

그래야 교회가 은혜롭고 사랑이 충만해집니다. 그러면 전도가 되고 교회가 부흥하는 것입니다. 그것이 믿음에 근거한 용기입니다.

Only then will the church grow in grace and love. Only then will we grow in evangelism. We must practice faith-based courage.

2. 그들의 용기는 사람들을 의식하지 않았습니다.
2. Their courage did not depend on others.

현대인들은 사람들을 너무 많이 의식하며 살아갑니다. 한국 사람들의 문화는 체면 문화입니다. 사람들에게 어떻게 보여지는지가 중요합니다.

People these days are too self-conscious. Korean culture is all about saving face. How other people perceive me is seemingly so important.

자녀교육을 하면서도 사업을 하면서도 항상 사람들이 나를 어떻게 볼지 고민합니다. 미국에 이민 와서

Whether in raising one's children or conducting business, perception is everything in society. It is not as bad for those of us

사는 우리는 좀 덜합니다만, 가난하다는 것도 내가 못 살아서 힘들다는 것보다는 다른 사람에 비해 못 산다는

who live in the U.S., but being poor is not even the toughest part. Rather, the thought of being poorer than others is

상대적 빈곤이 더 심각한 것입니다. 다른 사람 눈치 보고 평판에 구걸하고 칭찬에 매달리면 사람은 초라해집니다. 비겁해집니다.

what weighs people down. People become miserable when they live to please others. Living to please others makes us cowardly.

다른 사람의 눈치를 의식하다 보면 아무것도 할 수 없습니다. 그러나 베드로와 요한은 사람들을 의식하지 않고 초월했습니다.

We cannot do anything if all we care about is what others think of us. Peter and John did not waver at what people said.

그들은 다른 사람들의 말을 전혀 신경 쓰지 않았습니다. 그래서 산헤드린 법정 앞에 죄수로 붙잡혀 온 베드로와 요한은

They did not live to simply please others. When Peter and

John stood before the Sanhedrin court as prisoners,

"하나님 앞에서 너희 말 듣는 것이 하나님 말씀 듣는 것보다 옳은가 판단하라, 우리는 보고 들은 것을
they said, "Whether it is right in the sight of God to listen to you rather than to God, you must judge, for we cannot but

말하지 아니할 수 없노라"라고 말했습니다. 베드로와 요한은 하나님만 의식했습니다. 사람을 의식하지 않았습니다.
speak of what we have seen and heard." Peter and John sought to please God only. They did not care what people thought about them.

사람이 어떻게 생각하든 하나님이 인정해주시면 그만이라고 생각했습니다. 심리학자들의 말을 빌리면 여성들은 몸이 아파 병원에
Regardless of what people thought, they wanted to do the will of God. Psychologists say that women care about their looks

누워있어도 자기 외모에 신경을 많이 쓴다고 합니다. 사느냐? 죽느냐? 하는 시간에도 자신의 아름다움이 다른 사람에게
even when they are bedridden in the hospital. To live or to die? Isn't it astonishing that women think about their beauty

어떻게 평가되는지를 신경 쓰니 놀랍지 않습니까? 그래서 그런 이유로 종종 심방 오지 말라는 분도 있습니다.
and how they will be perceived by others even at such a moment? Some people do not want pastors to visit them at the hospital for this reason.

좋지 않은 모습은 보이고 싶지 않아서 입니다. 아무래도 화장하고 안 하고의 차이가 있기 때문일 것입니다.
They do not want to show their appearance when it is not at their best. They are unrecognizable without makeup.

어떤 목사님께서 예고 없이 어느 집사님 댁에 심방을 갔더니 문을 딱 여는데 전혀 딴 얼굴이더랍니다.
A pastor once visited a deaconess without prior notice. When she opened the door, the pastor could not recognize her.

눈썹이 하나도 없더랍니다. 하나님께서 인간을 처음 만드실 때 머리카락 수명을 6개월 정도로 정하셨습니다. 그리고 눈썹은
She had no eyebrows. When God made us, He designed our head hairs to regrow within 6 months. Eyebrows, on the other

대략 6년 정도입니다. 머리카락은 잘 자라도록 만드셨지만, 눈썹은 잘 자라지 않습니다. 사실 눈썹이 잘 자라도 안 되잖아요.

hand, take nearly six years. Hair grows quickly, but eyebrows do not. It would be a problem if one's eyebrows grew too quickly.

그런데 어떤 여성분들은 잘 자라지도 않는 눈썹을 아예 다 밀어 버리십니다. 그럴 줄 알았으면 하나님 보고
Women these days shave their eyebrows even when it takes so long for them to grow back. If we knew this, we should

여성분들 눈썹은 만들지 말라고 부탁드리는 건데 말입니다. 한국 사람들의 외모 지상주의 때문에 성형수술이 유행한다고 합니다.
have asked God not to make eyebrows for women. Consequently, plastic surgery in Korea is popular because they care so much

어떻게 하면 예뻐질까요? 제가 그 비법 하나 가르쳐드리겠습니다. 벌써 눈빛이 달라지네요. 그것은 잠자리 습관을
about their appearances. How can one become prettier? I will tell you a secret. Your eyes have gotten brighter. The secret

바꾸는 것입니다. 어떻게요? 아무리 피곤해도 들어와서 하루를 살면서 기쁘고 좋았던 일을 한 번 생각하고
is to change your sleeping habits. How? No matter how tired

you are, reflect upon the good things that have happened in

그 기분으로 주무십시오. 그것도 저녁 10시에서 새벽 2시 사이에는 꼭 잠드셔야 얼굴이 예뻐진다고 합니다.
your life before you go to sleep. Also, make sure you sleep from 10 pm to 2 am. It is said that this is the secret to getting prettier.

예뻐지고 싶은 마음에 문제가 있는 것은 아닙니다. 그런데 예수 믿는 우리들은 무엇보다도 사람들을 너무 의식하지 말고
There is nothing wrong with being pretty. However, Christians should not care too much about what others think of them.

하나님을 의식하며 용기 있게 살아야 합니다. 루마니아의 프로레스코 목사님이 공산당에게 잡혀 옥에 갇히게 되었습니다.
Rather, we are to be brave and do what pleases the Lord. Pastor Proresco from Romania was once captured by the Communist Party and was imprisoned.

그가 심한 고문에도 불구하고 끝까지 굴하지 않고 "예수를 믿겠다"라고 하자 공산당들은 목사님을 회유시키기 위하여
Despite severe torture, he stood firm and said, "I believe in Jesus." The Communists then used an inhumane method

비인도적인 방법을 썼습니다. 그의 11살짜리 아들을 그의 앞에서 벌거벗기고는 끓는 물을 코에 부어 넣는 등 차마 눈 뜨고

to make him deny Jesus. They arrested his 11-year-old son and stripped him. Then, they put boiling water into his nostrils.

볼 수 없는 고문을 가하였습니다. 목사님은 자기가 고문을 당하는 것은 견딜 수 있는데 아들이 고문을 당하며 죽어가는 모습은 도저히 볼 수가 없어서

He was tortured in unimaginable ways. The pastor could endure being personally tortured, but he could not stand seeing

"예수님을 모른다"라고 말하려고 하는 순간 고문을 당하던 11살짜리 아들이 외쳤습니다.

his son being tortured. When he was about to break and say, "I deny Jesus," his 11-year-old son shouted at him,

"아버지! 조금만 참으세요. 나는 배신자가 된 아버지를 내 아버지로 모시고 싶지 않아요!" 목사님은 아들의 이 말에 용기를 얻었습니다.

"Father! Let us endure. I do not want to have a traitor as my father!" The pastor was encouraged by the words of his son.

그리고 힘을 내어 끝까지 공산당에게 항거하다가 순교했습니다.

어려울 때 예수를 믿는다는 것은 누구나

He resisted the Communist Party until the end and was martyred. Not everyone can confess to believe in Jesus

할 수 있는 일이 아닙니다. 믿음의 용기가 절실히 필요한 것입니다. 그렇습니다. 우리는 나쁜 기억이나

in such difficult times like this. We desperately need courage that comes from our faith. That's right. We should not remain

불행한 사건에 얽매이지 말아야 합니다. 이 세상 사람들을 너무 의식하지 말아야 합니다. 오직 하나님만 바라볼 때 용기 있는 삶을 살 수 있는 것입니다.

in the past and dwell on unfortunate events. We should not be too self-conscious. Look to God alone for courage.

3. 그들의 용기는 하나님에 대한 확신이 있었습니다.
3. Their courage stemmed from their confidence in God.

초대교회 성도들은 '예수 그리스도는 부활하셨다'는 신앙에 확신이 있었습니다. 이 부활의 신앙이 왜 중요합니까?

The early church was fully convinced of the resurrection of Jesus Christ. Why is this resurrection important?

그것은 죽음이 인생의 끝이 아니라 부활이 있다는 것입니다. 그러므로 예수 믿는 모든 사람에게는 장차 육체적으로

It is because it proves death is not the end of life. There is life after death. Therefore, those who believe in Jesus will experience bodily

부활할 수 있는 축복의 길이 열려 있습니다. 그래서 초대교회 성도들은 부활의 신앙으로 생명의 위협을 받으면서도

resurrection and enjoy heavenly blessings in the future. This was the reason the early church did not fear death. They had faith

두려워하지 않고 영생의 소망을 가지고 담대하게 신앙생활을 했습니다. 베드로와 요한도 그저 맡은 일에 충성했습니다.

from the resurrection and the hope of eternal life. This allowed them to be courageous. Peter and John simply strived to be faithful

그리고 나머지는 하나님께 맡겼습니다. 다시 말하면, 용기를 가지고 최선을 다하면 결과는 하나님께서

to the task that was entrusted to them, and they left the rest to God. In other words, they were confident that God would

책임져 주신다고 확신했습니다. 그러므로 공부를 못하는 것은 죄가 아닙니다. 그러나 공부를 안 하는 것은 죄입니다.

take care of the result as long as they did their best. Thus, being bad at studying is not a sin. However, not studying is a sin.

돈을 못 버는 것은 죄가 아닙니다. 그러나 일을 하지 않는 것은 죄입니다. 열심히 일해서 하나님에 대한 분명한 확신이

Not being good at earning money is not a sin. However, not working is a sin. We need to have full confidence in the Lord while

있어야 합니다. 왜냐하면, 역사는 하나님께서 이끌어 가시기 때문입니다. 우리의 생애도 하나님의 손에 있습니다. 그러므로 우리는 용기를 가지고

we work diligently. That is because history is in God's hands. All of our lives are in His hands. Thus, we only need to be

진실하고 열심히 충성할 뿐입니다. 그렇습니다. 우리는 하나님의 일과 우리의 일을 구분해야 합니다. 무엇이든지

courageous and faithful. That's right. We need to distinguish between His Part and Our Part. All we need to do is be

하나님에 대한 확신을 가지고 용기 있게 열심히 하면 그만입니

다. 사업을 할 때도 용기를 가지고 최선을 다하고
courageous and work diligently believing that God will take care of the rest. When we conduct business, we need to do our best

하나님께 맡겨야 합니다. 그리고 백 번을 실패해도 최선을 다한 일에는 유감이 없습니다.
and leave the results to God. Even if we fail a hundred times, as long as we have tried our best we should not have any regrets.

여러분이 만일 열심히 일했는데도 못 살거나, 열심히 공부했는데 성적이 안 좋다면 그것은 부끄러워할 필요가 없습니다.
If you give your all at work or at school, but still struggle with finances or grades, there is no reason to be ashamed.

만일 열심히 전도했는데 열매가 없다면 그것을 부끄러워하지 마세요. 그것보다 중요한 것은
If you diligently witness to others but do not bear fruit, there is no reason to be embarrassed. The question is whether you

여러분이 하나님에 대한 확신을 가지고 열심히 했느냐는 것입니다. 몇 년 전 플로리다 포트 마이어스에 갔을 때

worked hard and trusted in the Lord wholeheartedly. When I went to Fort Myers, Florida a few years ago, I had a chance

에디슨 생가를 돌아볼 기회가 있었습니다. 자동차 왕 헨리 포드는 농촌에서 태어나 16세 때 디트로이트로 가서

to look around Thomas Edison's house. Henry Ford was born in the countryside. He went to Detroit at the age of 16 to

유명한 토머스 에디슨이 세운 회사에 직공으로 들어갔습니다. 그는 열심히 일했고 헨리 포드는 점점 인정을 받았습니다. 어느 날, 그가 에디슨에게 한 가지

join a company founded by Thomas Edison. Henry Ford worked hard and was recognized by Edison. One day, Ford

질문을 했습니다. "휘발유가 기계를 돌릴 수 있는 힘을 낼 수 있습니까?" 이 질문에 에디슨은 두말없이 "그렇다"라고 했습니다.

asked Edison a question, "Does gasoline have the power to start an engine?" Edison replied without any hesitation, "Yes."

포드는 에디슨의 이 한 마디에 할 수 있다는 확신으로 자동차 엔진을 만들기 시작했습니다. 하지만 10년이 지나도 성공하지 못했습니다.

Ford had confidence in Edison's word and began to build car

engines. Although he tried for 10 years, he did not succeed.

그런데 드디어 13년 만에 헨리 포드는 자동차 엔진을 만들게 됩니다. 그렇습니다. 하나님에 대한 확신이 있는 사람은 포기하지 않습니다.

At last, Henry Ford built a car engine after 13 years of trial and error. That's right. Those who have confidence in the Lord never give up.

아무리 실패의 난관이 있어도 좌절하지 않습니다. 결과에 대해서 두려워하지 아니하고 하나님에 대한 확신을 가지고 앞으로 달려가는 것입니다.

No matter how many obstacles there are, they do not lose heart. They do not fear the results, but move forward trusting in the Lord.

초대교회 저스틴이라는 성도가 로마재판정에 끌려갔지만, 그 어떤 위협에도 신앙을 굽히지 않았습니다.

A member of the early church named Justin was taken to Roman court. Although he was threatened, he refused to deny his faith.

로마 재판관이 묻습니다. "네가 정말로 천국에 올라가 상급을 받

을 것이라고 상상하느냐?" 그때 저스틴은

The Roman judge asked him, "Do you really think you will receive a reward in heaven?" Justin replied,

"나는 그렇게 상상하는 것이 아니라 그것을 확실히 알고 또 그렇게 믿습니다." 그렇습니다. 참으로 우리가 예수 그리스도를

"I do not think I will receive a reward in heaven, I am certain that I will." That's right. If we truly know and believe in Jesus Christ,

바로 알고 그를 믿는다면 결과에 두려워하지 말고 용기 있는 삶을 살아야 합니다. 베드로와 요한은 언제나 사람보다 하나님 편에 섰습니다.

we should not be afraid of the result. Rather, we need to be courageous. Peter and John always stood with God.

하나님의 말씀에 충성을 맹세했습니다. 그러므로 세상의 그 어떤 것으로도 저들의 용기를 꺾을 수 없었습니다. 그것은 죽음을

They pledged allegiance to God's Word. Thus, nothing in this world could discourage them. Their courage surpassed

초월한 용기였습니다. 그러므로 우리는 가난해도 떳떳하게 가난해야 합니다. 실패해도 비겁하지 말아야 합니다.

the fear of death. Therefore, we need to live with dignity no matter how poor we may be. Even if we fail, we cannot be cowardly.

비판을 받아도 욕을 먹어도 믿음으로 담대하게 견뎌야 합니다. 죽는 일이 있어도 자랑스럽게 감사하면서

Even when criticized or persecuted we must endure with faith. Even if we are to die, we need to be able to give thanks

죽을 수 있어야 합니다. 베드로와 요한의 용기를 보고 많은 사람이 하나님께 영광을 돌린 것처럼

until our last breath. Just like those who glorified and came to God after hearing Peter and John,

우리를 통하여 하나님께 영광 돌리는 역사가 있어야 합니다.

we must also be courageous so that others may bring glory to God through us.

사랑하는 성도 여러분, 베드로와 요한처럼 믿음에 근거한 용기를 가지고 사람들을 의식하지 말고

Beloved saints, I pray in the name of the Lord that your courage would be based on faith just like Peter and John.

하나님에 대한 확신을 가지고 용기 있는 사람들이 되시기를 주님의 이름으로 축원합니다.

I pray that you will not live to please others, but have full confidence in the Lord Almighty.

3

위기와 축복
Crisis and Blessing

여호수아 1장 1~6절

"여호와의 종 모세가 죽은 후에 여호와께서 모세의 수종자 눈의 아들 여호수아에게 말씀하여 이르시되 내 종 모세가 죽었으니 이제 너는 이 모든 백성과 더불어 일어나 이 요단을 건너 내가 그들 곧 이스라엘 자손에게 주는 그 땅으로 가라 내가 모세에게 말한 바와 같이 너희 발바닥으로 밟는 곳은 모두 내가 너희에게 주었노니 곧 광야와 이 레바논에서부터 큰 강 곧 유브라데 강까지 헷 족속의 온 땅과 또 해 지는 쪽 대해까지 너희의 영토가 되리라 네 평생에 너를 능히 대적할 자가 없으리니 내가 모세와 함께 있었던 것 같이 너와 함께 있을 것임이니라 내가 너를 떠나지 아니하며 버리지 아니하리니 강하고 담대하라 너는 내가 그들의 조상에게 맹세하여 그들에게 주리라 한 땅을 이 백성에게 차지하게 하리라 오직 강하고 극히 담대하여 나의 종 모세가 네게 명령한 그 율법을 다 지켜 행하고 우로나 좌로나 치우치지 말라."

Joshua 1:1~6

After the death of Moses the servant of the LORD, the LORD said to Joshua son of Nun, Moses' aide: "Moses my servant is dead. Now then, you and all these people, get ready to cross the Jordan River into the land I am about to give to them--to the Israelites. I will give you every place where you set your foot, as I promised Moses. Your territory will extend from the desert to Lebanon, and from the great river, the Euphrates--all the Hittite country--to the Great Sea on the west. No one will be able to stand up against you all the days of your life. As I was with Moses, so I will be with you; I will never leave you nor forsake you. "Be strong and courageous, because you will lead these people to inherit the land I swore to their forefathers to give them.

●

인간이 살아가는 데 있어서 항상 좋은 일만 있지 않습니다. 우리는 인생을 살아가면서 때때로 위기에 부딪힐 때가 있습니다. 위기란 인간의 힘으로는 어찌할 수 없는 상황을 말합니다.
Not only good things happen in life. Sometimes, we run into a crisis. A crisis refers to a situation that is often out of our control.

그 누구도 이 위기를 피해서 살아갈 수는 없습니다. 누구나 위기에 직면하게 될 때 많은 생각을 하게 되고 새로운 삶의 전환점을
Nobody in this world can escape such situations. A crisis leads a person to contemplate, and it even can create a turning point

이루게 됩니다. 그러므로 위기가 찾아왔을 때 그 위기를 어떻게 대처하는지가 대단히 중요합니다. 거기에 따라 성공하기도 하고
in one's life. Thus, how we deal with a crisis is tremendously important because our subsequent successes and failures

실패하기도 합니다. 위기를 잘 대처하면 큰 축복을 받게 되는 것입니다. 그런데 대부분의 사람이 위기를 맞이하면 삶을 비관하며 depend on it. We often experience great blessings if we happen to cope well with a crisis. However, most people lose heart when

쉽게 좌절해 버립니다. 그렇습니다. 예수를 믿는 우리는 인간의 힘으로 해결할 수 없는 절박한 위기에 직면했을 때 하나님을 만나는 체험을 해야 합니다.
they face a crisis in their lives. That's right. When Christians face a situation that is out of their control, they need to seek and experience God.

하나님의 은혜로 구원을 받아 축복을 누려야 합니다. 구원에는 2가지가 있습니다. 우리가 무엇으로부터 구원을 받았는지 그리고 무엇으로의 구원인지 명확히 알아야 합니다.
We need to enjoy God's blessings as we have been saved by grace. Salvation consists of two things. We must know what

이것을 균형 있게 잘 이해해야 건강한 신앙생활, 축복된 신앙생활을 할 수 있습니다.
we are saved from and from what we are saved unto. We must understand these two well in order to excel in our spiritual walk.

무엇으로부터 구원을 받았습니까? 하나님께서 이스라엘 백성을 애굽에서 구원하신 것을 의미합니다. 무엇으로의 구원은 백성이 약속의 땅, 가나안에 들어가는 것을 의미합니다.

What are we saved from? God saved the Israelites from Egypt. What are we saved unto? God led the Israelites to Canaan, the Promised Land.

두 구원이 다 중요합니다. 어느 것 하나 놓치고 잊어버리면 안 됩니다. 창세기부터 요한계시록까지 언급된 수많은 기적 가운데

Both are very important. We cannot miss anything. Among the many miracles God performed from Genesis to Revelation,

최고의 기적은 출애굽 사건입니다. 그 사건은 그 어떤 것과도 비교할 수 없는 매우 큰 기적이고 중요합니다. 그러나 출애굽이 구원의 핵심, 구원의 전부는 아닙니다.

the greatest miracle was the Exodus. The Exodus is remarkably significant. Despite its significance, the Exodus is merely a part of salvation.

구원의 일부이고 과정이며 시작에 불과합니다. 그러므로 출애굽은 반드시 가나안 땅으로 들어가는 것을 전제로

It is the process of salvation. It is the beginning of salvation. Thus, the Exodus must be based on the premise of entering

해야 합니다. 가나안에 못 들어간다면 출애굽 사건은 가치가 없습니다. 그래서 출애굽한 이스라엘 백성은 반드시

the promised land of Canaan. Failure to enter into Canaan would have made the Exodus meaningless. The Israelites had to enter

가나안 땅에 들어가야만 합니다. 그것이 구원의 완성을 이룹니다. 그렇습니다. 우리는 하나님의 은혜로 구원을 받아 하나님의

into the land of Canaan. This marked the completion of salvation. That's right. Having been saved by grace, God has adopted us

자녀가 됐습니다. 그런데 거기서 끝나면 안 됩니다. 죽는 날 반드시 천국에 들어가야 합니다. 그래야 진정한 구원의 완성입니다.

as His children. But this is not the end of salvation. Believers will go to heaven when we die. This will mark the completion of salvation.

40년 광야 생활한 이스라엘 백성이 드디어 요단강 앞에 왔습니다. 쉽지 않은 40년이었습니다.

After 40 years of wandering in the wilderness, the Israelites finally stood in front of the Jordan river. It had been a difficult 40 years.

우여곡절과 파란만장한 일들이 많았습니다. 하지만 무엇보다 더 중요한 것은 지금 이스라엘 백성이 반드시 요단강을 건너는 것입니다.

They had gone through a tumultuous period of time. However, it was not over-the Israelites still had to cross the Jordan River.

그래야 요단강 건너편에 있는 하나님께서 약속하신 가나안 땅에 들어가게 되는 것입니다. 그 구원의 완성을 위해서 우리는 하나님의 도우심이 필요합니다.

They had to cross the river to enter into Canaan, the Promised Land. The completion of salvation required God's help.

그렇습니다. 인간의 힘으로 어떻게 할 수 없는 질병의 위기, 경제의 위기, 가정의 위기 그리고 영적인 위기가 우리에게 있을 때 우리는 하나님을 만나야 합니다. 그리고 하나님께 도와 달라고

That's right. We must seek God when we face crises related to our health, finances, family, or spiritual life. We must cry out

기도해야 합니다. 심리학에서는 인간의 욕구 가운데 소위 "충격의 욕구"라는 것이 있다고 합니다. 인간이 어떤 충격을 받을 때 인간이

to God for help. In psychology, there is a phrase, "Need for stimulation." The impact of a personal experience helps

충족할 수 있다는 것입니다. 다시 말해서 인간은 때때로 위기에 부딪히게 될 때 그 충격으로 말미암아 사람이 사람다워지고 성장하게 된다는 것입니다.

humans find fulfillment. In other words, the impact from a crisis helps human beings mature as people.

김용기 장로님이 계실 때 가나안 농군학교에 가면 고구마 재배법이 유명했다고 합니다.

When Elder Kim Yong-gi was alive, Canaan Farmers School was known for their method of planting and growing sweet potatoes.

그래서 많은 사람이 "장로님, 고구마가 어떻게 이렇게 클 수 있습니까, 호박처럼 크게 되는 이유가 어디에 있습니까?" 하고 물었다고 합니다.

Many people asked Elder Kim, "How could sweet potatoes be so huge? What do you do to make your sweet potatoes grow to the size of pumpkins?"

장로님께서 말씀하시기를 고구마를 심어 놓고 김을 맬 때 고구마 잎에 호미 날을 가지고 태양 빛과 공기가 들어가도록 찢어 놓으면 땅속에

Elder Kim said that the key was to cut the sprouts with a hoe while mowing so that air and sunlight would enter.

묻혀있는 고구마가 깜짝깜짝 놀라서 커진다는 것입니다. 그렇습니다. 우리가 때때로 삶 속에서 위기를 만나 충격을 받을 때
This would shock the sweet potatoes and make them grow bigger. That's right. Sometimes when we face an expected crisis in life,

우리도 모르게 영적으로, 정신적으로 깜짝깜짝 놀라면서 크게 성장하게 된다는 것입니다.
we experience growth both spiritually and mentally. Such an experience shocks us and helps us experience growth.

그러므로 우리 삶에 위기가 올 때 우리는 정신을 차리고 하나님을 찾아야 합니다. 그러면 하나님의 은혜로 더 위대한 축복의 삶을 살 수 있습니다.
Thus, we must seek God when we face crises in life. When we seek God, we will enjoy greater blessings by His grace.

그런데 오늘날 많은 사람이 여러 가지 위기에 처할 때 하나님을 찾지 않습니다. 그리고 쉽게 실망하거나 좌절하거나 삶을 포기하는 경우도 있습니다.
However, many people do not seek God when they encounter

a crisis in life. People easily lose heart and even give up on life.

이스라엘 백성이 40년 동안 수고했어도 지금 요단강을 앞에 두고 어떻게 건널 수 있을까 걱정합니다. 지금 이스라엘 백성에게
After 40 years of wandering in the wilderness, the Israelites reached an impasse - they wondered if they would be able to cross the Jordan River.

요단강은 위기입니다. 하지만 포기하면 안 됩니다. 우리의 앞길을 가로막고 있는 그 요단강을
The Jordan River represented a crisis. But God's people should never give up. We must also cross the Jordan River

반드시 건너가야 합니다. 그래야만 하나님께서 우리에게 주시기로 약속한 젖과 꿀이 흐르는 그 유업의
that is blocking our paths. Only then will we be able to take the land that has been promised to us. Only then will we be

땅을 취할 수 있고 그 땅에서 살 수 있는 것입니다. 그럼 이스라엘 백성에게 있는 위기, 그 요단강을 어떻게 건널 수 있습니까?
able to live in the land flowing with milk and honey. So then, how did the Israelites overcome this crisis? How did they

cross the Jordan River?

하나님의 말씀을 자세히 보면 "내 종 모세가 죽었으니 이제 너는 이 모든 백성과 더불어 일어나

When we read the Word of God carefully, it says, "Moses my servant is dead. Now therefore arise, go over this Jordan, you and all this people,

이 요단강을 건너 그 땅으로 가라"라고 기록되어 있습니다. 다시 말해서 모세가 죽었으니 너희는 일어나 강을 건너라는 것입니다.

into the land that I am giving to them." In other words, it is saying that they were to cross the Jordan River although Moses is dead.

이게 무슨 말씀입니까? 이 말씀대로 보면 우리 하나님께서는 모세가 죽기를 기다리고 계시다가 모세가 죽자마자

What does this mean? This text is saying that God was waiting for Moses to die. God said,

"이제 모세가 죽었으니 요단강을 건너가라"라고 하신 것입니다. 도대체 무슨 뜻으로 그렇게 말씀했을까요? 구약 성경에서 가장 위대한 사람이 모세입니다.

"Go over this Jordan now that Moses is dead." Why did

God say such a thing? Moses is the greatest man in the Old Testament.

모세는 하나님께서 언급하시는 사람 가운데 최고입니다. 모든 기적이 모세를 통해서 이루어졌습니다.
Moses is the greatest among the people whom God mentioned in the Old Testament. God used Moses to perform many miracles.

아무리 강한 적군이 쳐들어와도 모세가 손을 들면 전쟁에서 이겼습니다.
No matter how strong the enemy was, the Israelites would win any battle when Moses raised his hands.

아무리 마실 물이 없어도 모세가 반석을 치면 물이 나왔습니다. 애굽에 내렸던 수많은 재앙이 모세의 능력으로 나왔습니다.
During their wandering, the Israelites had no water to drink. But Moses struck a rock, and water came out. Further, Moses had sent all the plagues in Egypt.

모세는 하나님을 대면했습니다. 그리고 하나님의 말씀, 십계명을 직접 받았던 사람입니다. 그렇습니다. 모세가 있으면
Moses had even seen God. Moses also received the Ten

Commandments directly from God. That's right. The Israelites

이스라엘 백성은 아무것도 염려할 필요가 없었습니다. 아무리 홍해가 앞을 가로막고 있어도 모세가 두 팔을 내뻗으면 바다는 갈라졌습니다.
did not have to worry about anything when Moses was with them. Even the Red Sea had parted when Moses stretched out his arms.

그러니까 이스라엘 백성에게는 모세가 절대자와 같았습니다. 모세가 다 해주니까 모세만 있으면 되었습니다.
Moses was the absolute leader for the Israelites. He did everything for them and they all depended on him.

그런데 지금 하나님께서 이제 모세가 죽었으니 너희는 요단강을 건너가라고 하십니다. 그렇습니다. 우리 인생에 있어서
But in this passage, we see that God commanded the Israelites to cross the Jordan now that Moses was dead. That's right. We ought not to have

하나님보다 더 의지하는 모세가 있으면 안 되는 것입니다. 우리에게 있는 모세가 죽어야지만 비로소 요단강을
idols such as Moses in life. We must not rely on anything or

anyone other than God. Even for us, the death of Moses will enable us

건널 수 있는 것입니다. 모세를 의지하는 한 우리는 절대로 요단강을 건널 수 없습니다. 하나님께서 우리에게 주신 젖과 꿀이 흐르는 그 땅,

to cross our Jordan River. As long as we rely on Moses, we can never cross the Jordan River. We will not be able to inherit the land

그 유업을 취할 수 없습니다. 우리에게는 모세가 중요한 것이 아니라 하나님이 중요합니다. 어느 날, 하나님께서 이사야 선지자를 부르셨습니다.

flowing with milk and honey. Moses is not our deliverer, but God is. One day, God called the prophet Isaiah.

부르실 그때가 언제입니까? 성경에 "웃시야가 죽던 해"라고 기록되어 있습니다. 웃시야 왕은 이스라엘의 황금 전성기를 이뤄낸 위대한 왕입니다.

When did God call him? "In the year that King Uzziah died." King Uzziah was a great king who had established a golden age for Israel.

다윗과 솔로몬 왕 때 이스라엘은 전무후무한 부강한 나라로 전성기를 누립니다. 정치, 경제, 사회, 문화 등 어느 것 하나
During the days of King David and King Solomon, Israel enjoyed its heyday as a wealthy and powerful nation. Israel

다른 나라에 뒤지지 않고 최고로 부강한 나라를 이루었습니다. 그러나 솔로몬 왕이 죽은 후, 이스라엘은 계속 타락하고
surpassed all other nations politically, economically, socially, and culturally. After the death of King Solomon, Israel experienced

쇠퇴합니다. 다른 나라에 침입도 당하고 먹고살기가 어려워지면서 계속 나라가 망해갑니다. 주변 국가 앞에서 기를 못 펴고
a continuous decline. They were invaded by other nations and they were slowly perishing as a nation. They had to please

눈치를 보면서 살아가게 됩니다. 그러다가 남유다의 웃시야 왕이 즉위하고 통치하면서 유대 나라가 다시 한번
their neighboring nations in order to survive. But when Uzziah became the king of Judah, the southern kingdom was

부강해집니다. 누구도 꿈꾸고 상상하지 못했던 경제가 살아나고 전쟁에서 이기고 평화가 찾아오며 황금기를 다시 누리게 됩니다.

strengthened once again. Nobody could have imagined, but the Kingdom of Judah was restored under the reign of King Uzziah.

백성들이 살기가 얼마나 좋았던지 그 당시 백성들의 마음속에는 이 웃시야 왕만 살아있으면

They regained wealth. They began to win battles again. They enjoyed peace again. The golden age had come again. People were

충분하다고 생각했습니다. 그 누구도 웃시야 왕이 죽는 것을 바라지 않았습니다. 그런데 "웃시야왕이 죽던 해"에 하나님께서

so happy that they thought all they needed was King Uzziah. Nobody wanted him to die. "In the year that King Uzziah died,"

이사야를 부르시고 한 가지 계시 환상을 보여 주십니다. "내가 본 즉 주께서 높이 들린 보좌에 앉으셨는데" 그런데 왕이 앉는 보좌를 봤더니 온 땅을 다스리는

God called Isaiah to show him a vision. "I saw the Lord sitting upon a throne, high and lifted up." When Isaiah lifted up his eyes,

그 보좌에 웃시야 왕이 앉아 있는 것이 아니었습니다. 거기에 하나님이 앉아 계셨습니다. 하나님이 왕이셨습니다.
it was not King Uzziah who was sitting down on the throne. God was seated on the throne. God was the King.

유대 나라의 부강은 웃시야 왕이 한 것이 아니라 하나님께서 하신 것이었습니다. 그렇습니다. 모세가 있으면
King Uzziah had not made the Kingdom of Judah wealthy and powerful. It was all the work of God. That's right. We cannot see God

하나님이 보이지 않습니다. 웃시야가 있으면 하나님이 보이지 않습니다. 그러므로 우리의 모세, 우리의 웃시야가 죽어야 합니다.
when Moses is standing before us. We cannot see God when Uzziah is standing before us. Thus, Moses and Uzziah have to die.

그래야만 요단강을 건너 하나님께서 우리에게 주신 젖과 꿀이 흐르는 그 땅을 취할 수 있고 점령할 수 있습니다. 그러므로 우리는 오직 보좌에 앉으신
Only then we can cross the Jordan River and take the land flowing with milk and honey. For this reason, we must seek God

하나님을 찾아야 합니다. 그 하나님을 바라보아야 합니다. 보통 사람들은 이 세상이 눈에 보이는 물질적인 법칙만으로 움직인다고 생각합니다. 그러나 사실은

who is seated on the throne. We must look to God. People usually act on what they see. But this world is filled with

인간의 이성으로는 도저히 이해할 수 없는 영적인 법칙이 우주를 지배하고 있습니다. 예수님께서 갈릴리 바다의 풍랑을

spiritual things that cannot be understood by human reason alone. Jesus calmed the storms in the Sea of Galilee.

잔잔하게 하신 일, 앉은뱅이 일으키신 일, 소경의 눈을 뜨게 하시며 문둥병자를 고치신 일이나 보리떡 다섯 개와

Jesus healed a leper and a crippled man. Jesus opened the eyes of the blind. After feeding the five thousand with five loaves

물고기 두 마리로 5천 명을 먹이시고 12 광주리를 남기신 기적은 영적인 법칙을 증명하는 것입니다.

and two fish, they collected 12 baskets of leftovers. All these miracles prove that this world is filled with spiritual things.

그렇습니다. 하나님께서 우리의 기도를 어떻게 들으시는지 그 과정은 잘 모릅니다. 하지만 우리가 기도의 버튼을 누르기만 하면

That's right. We cannot know the way God answers our prayers. However, if we press the button of prayer, God listens to

하나님께서는 우리 기도를 들으시고 삶의 위기를 상상도 못하는 축복으로 만들어 주십니다. 이것이 신앙의 세계입니다. 그렇습니다. 삶의 위기에 봉착할 때

our prayers and turns our crisis into a blessing. This is what happens to those who have faith. That's right. When we face a crisis in life,

우리는 하나님을 찾고 바라보아야 합니다. 하나님을 바라보고 하나님 앞에 엎드려 기도를 해야 문제의 해결을 받을 수 있습니다.
we must seek God. We must look to God and kneel before Him in prayer. Then, God will hear us and solve our problems.

기도는 모든 사건을 변화시킵니다. 기도는 기적의 역사를 이루시는 하나님의 능력입니다. 그 하나님의 능력은 우리의 기도를 통해 드러납니다.
Prayer changes things. Prayer is the means to experience God's wondrous work. We can witness the power of God only through prayer.

그러므로 우리에게 여러 가지 위기가 있을 때 우리는 하나님을

찾고 하나님을 바라보며 기도해야 합니다. 하나님을 만나야 합니다.

Therefore, we must seek God and look to Him when we face various kinds of trials. We must pray to Him. We must encounter God

그리고 하나님의 구원 능력을 체험하고 축복을 받아야 합니다. 의인인 욥은 위기를 만났을 때 하나님의 구원 능력을

in order to experience God's salvation and enjoy His blessings. Job, the righteous man, experienced God's salvation

체험했습니다. 욥은 수많은 위기를 만났을 때 하나님을 바라보며 "그가 나를 죽일지라도 나는 그를 의뢰하리라"라고 하나님에 대해 고백합니다.

when he faced many hardships. After many trials, Job looked to God and confessed, "Though he slay me, I will hope in him."

다시 말해서 하나님이 나를 죽일지라도 나는 하나님을 소망할 거라는 것입니다. 무슨 뜻입니까? 하나님이 욥을 구원하셨기에

In other words, Job confessed that he would trust in God even if God were to kill him. What does this mean? Job had hope because God

그에게는 소망이 있다는 것입니다. 욥은 하나님께서 그를 버리지 아니하시고 분명히 축복해 주실 것이라는 확신이 있었습니다.
had already saved him. Job was confident that God would never forsake him. Rather, he trusted that God would bless him.

"내가 가는 길을 그가 아시나니 그가 나를 단련하신 후에는 내가 순금같이 되어 나오리라." 이런 신앙의 소유자인 욥에게
"But he knows the way that I take; when he has tried me, I shall come out as gold." As Job stood firm in the faith,

하나님께서는 갑절의 축복을 주셨습니다. 일찍이 하나님께서 이스라엘 백성에게 약속하셨던 그 가나안땅은 "너희 발바닥으로
God gave him twice as much as he had before. God said, "Every place that the sole of your foot will tread upon I have given to you."

밟는 곳은 모두 내가 너희에게 주었노니"라고 말씀하신, 하나님께서 이미 주신 땅입니다. 여기 "너희에게는 주었노니"는
God had promised the land of Canaan to the Israelites. God had already given them this land. "I have given to you" is in the

완료형입니다. 그러나 아직 주어지지는 않았습니다. 아직도 미

완성으로 성취되지는 않았습니다. 다시 말해서 하나님의
present perfect tense. This land had not been given to them yet. It had not been fulfilled yet. Although this Promised Land

전적인 은혜로 주어진 그 약속의 땅이지만, 그 은혜가 우리에게 성취되기 위해서는 우리가 그 땅을 밟아야 하는 것입니다. 우리가 취해야 합니다.
had been given to God's people solely by His grace, we have to tread upon it in order for this promise to be fulfilled. We are called to take it.

기다린다고 되는 것이 아닙니다. 하나님께서는 "그래도 이스라엘 족속이 이같이 자기들에게 이루어주기를 내게 구하여야 할지라"라고 하셨습니다.
Waiting upon it was not enough. God said, "I will let the house of Israel ask me to do for them."

그렇습니다. 하나님의 약속이 있지만, 그 약속을 우리의 것으로 성취하기 위해서는 계속 기도하며 구하라고 하십니다.
That's right. God has certainly promised us. But in order to fulfill His promise, we need to pray and seek God. We have to want

쟁취해야 합니다. 하나님께서 우리에게 주신 그 땅은, 우리가 그 땅에 가서 우리가 밟고 점령해야 하는 것입니다.
and acquire His promise. We need to step foot upon the land in which God has given us. We must take it.

아직 이루어지지 않았지만, 우리가 믿음과 용기를 가지고 쳐들어가야 하는 것입니다. 그렇습니다. 오늘도 우리는 하나님께서 우리에게 주신
Although it has not yet been fulfilled, we need to walk towards it with faith and courage. That's right. Even today, we must seek the

기업을 찾아야 합니다. 그 기업을 바로 보아야 합니다. 이미 약속했다고 할지라도 우리가 가서 취해야 하는 것입니다.
inheritance God has given us. We need to be able to see that inheritance. Although it has already been promised to us, we need to go and take it.

그렇습니다. 이스라엘이 끝까지 가서 취해야 했습니다. "여호수아야, 이제 너희가 한 번도 싸워보지 못했던 적들과 싸울 것이다.
That's right. Israel was called to go and take it. "Joshua, now you will fight enemies you have never fought before.

너희 손에는 무기 하나 없는데 그 어마어마하게 힘이 센 가나안 족속과 싸우게 될 거란다." 역사적으로 보면 그 당시는
Although you do not have any weapons, you will have to fight against the mighty Canaanites." Historically, this period of time marked

청동기에서 철기시대로 넘어가는 시대입니다. 당시 가나안 족속에게 칼이 있었고 방패와 병거가 있었습니다.
the transition from the Bronze Age to the Iron Age. At that time, the Canaanites had swords, shields, and chariots.

반면에 이스라엘 백성의 손에는 칼이 없었습니다. 돌도끼밖에 없었습니다. 어떻게 싸워 이길 수 있습니까? 그래서 하나님께서
However, the Israelites did not have any of these. All they had were stone axes. How could they fight and win? So, God told them

미리 말씀하십니다. "너희가 상상하지도 못했던 기골이 장대한 민족과 싸울 거야. 너희의 간담을 서늘하게 하는 무기를 직접 보게 될 거야.
in advance, "You will fight big and strong people that you have never imagined. You will see weapons that will strike you with terror.

그러나 기억해라. 거기서 내가 너희를 이기는 방법과 이 전쟁에서 승리하는 비결을 알려주마." "어떻게요?" 가나안 땅은 이스라엘 백성이 가서 그냥 싸워서

But remember, there I will tell you the secret to win the battle." "How?" The Israelites were not to fight the Canaanites

빼앗는 것이 아닙니다. 하나님께서 이스라엘에게 주셔야 합니다. 그러므로 이 싸움은 가나안과 이스라엘의 싸움이 아닌 것입니다.

and possess the land. Rather, God had to give it to the Israelites. Thus, this was not a battle between Israel and Canaan. It did not matter

그 어떤 무기로 싸우는 것이 아닙니다. 이 싸움은 이스라엘과 하나님의 관계에 달려 있습니다. 다시 말해서 이스라엘 백성과 가나안 사람들과의 전쟁은

what weapons they had. This battle was to testify to the relationship between God and Israel. In other words, this battle

칼과 칼로 싸우는 것이 아니라 하나님과 이스라엘이 만나는 그 장소에서 이 전쟁의 승패가 결정된다는 것입니다.

was not to be fought with swords. The result of this battle

was going to be determined at the place where God met with Israel.

이 비밀을 깨닫는 게 믿음이고 지혜이며 오늘 메시지의 핵심입니다. 우리 인생의 성공과 실패는 실제로 일하는 직장과 학교와

Realizing this secret requires wisdom and faith. This is the point of today's message. Success and failure in our life is not determined

사업터에서 결정되는 것이 아닙니다. 이 세상을 다스리시는 하나님으로부터 오는 것이기 때문에 우리가 하나님 앞에 앉아있는 그 시간,

by where we work or study. Rather, victory comes from God, the true ruler of this world. Thus, victory or defeat is determined

그 장소가 바로 성공과 실패의 승부처인 것입니다. 그곳이 본부입니다. 그런데 우리가 앉아 있는 곳이 어디입니까? 교회입니다.

when we come before God. This is our headquarters. But where do we encounter God? It is at church - a place of worship.

교회에서 예배하는 가운데 결정되는 것입니다. 여러분이 잘 아

시는 대로 이스라엘 백성이 40년 동안 광야 생활을 했습니다.
Successes and failures are determined there. As you well know, the Israelites had wandered in the wilderness for 40 years.

무려 200만 명이 걸어갑니다. 오늘은 어디로 가고 어떻게 해야 할지 매일매일 수많은 결정을 해야 했습니다.
Two million people wandered. Where shall we go today? What shall we do today? They had to make countless decisions every single day.

그때 이스라엘 백성이 어디서 결정했습니까? 그 수많은 결정을 했던 곳이 바로 성막입니다.
Where did the Israelites make the decisions? They made all their decisions at the tabernacle - their place of worship.

하나님 앞에 앉아 있었던 바로 그 장소 그 시간이 승부처였습니다. 모든 승부는 다 거기서 결정했습니다.
This was the most important place and time for the Israelites. In the presence of God, victory or defeat was determined.

이것을 믿음으로 사는 우리가 깊이 깨달아야 합니다. 이렇게 해야 하나, 저렇게 해야 하나, 우리가 어떻게 할지에 대한 모든 결

정은

Those of us who live by faith must understand this truth. When we are in a dilemma, we must understand that every decision

하나님 앞에 앉아있는 교회, 이곳에서 예배드리는 이 시간에 결정되는 것입니다. 200만 명이나 되는 이스라엘 백성의 모든 결정이

ought to be made with God in mind - here at church, a place of worship. Just like every decision for two million Israelites was made

조그마한 성막에서 결정되었던 것처럼, 우리 인생의 모든 것은 예배를 드리면서 하나님 앞에서 결정되는 것입니다.
at a tiny tabernacle, all the decisions in our lives ought to be made in the presence of God as we worship Him.

그러므로 우리는 우리 삶의 성막을 바로 세워야 합니다. 구별된 시간, 구별된 장소, 구별된 마음으로
Therefore, we must establish a tabernacle for our life. We need to set apart time for God. We need to go to a consecrated place with

하나님 앞에 앉아있는 시간을 절대 소홀히 생각하면 안 됩니다. 교회에서 예배드리기 위하여 시간을 구별하시고

a consecrated heart. We must never make light of the time we spend in the presence of God. We must set apart time to come to

장소를 구별해야 합니다. 우리가 하나님 앞에 앉아있는 그 장소와 시간을 반드시

church and worship. The church is a consecrated place for worship. We must secure a time and place where we willingly come

확보해야 합니다. 왜냐하면 우리의 모든 인생의 위기와 축복은 그곳에서 결정되기 때문입니다. 우리 인생의 모든 성공과 실패

into the presence of God. That is because the successes and failures of our lives are determined here. Whether a crisis will

여부가 바로 여기서 결정됩니다. 그렇습니다. 우리의 모든 승리는 하나님 앞에서 결정된다는 것을 절대로 잊으면 안 됩니다.

turn into a blessing is determined here. That's right. We must never forget that all our victories are determined in the presence of God.

그래서 하나님께서는 "너희 입에서 율법책이 떠나지 않게 하라,"

"너희 삶에서 하나님이 떠나지 않게 하라"라고 하십니다.

For this reason, God said, "This Book of the Law shall not depart from your mouth." "God shall not depart from your life."

이것이 가장 중요하지만, 사실 사람들은 잘 듣지 않습니다. 사람들은 "아니야, 내 승리는 칼에 있어. 방패에 있어.

Although God is the most important thing in life, people do not listen. They say, "That is not true, I have a sword and a shield.

더 많은, 더 좋은 현대식 무기에 있어"라고 합니다. 절대 그렇지 않습니다. 우리의 모든 승패는 하나님 앞에서 결정되는 것입니다.

I have more modern weapons than you." What they say is not true. Victory or defeat is determined by God alone.

드디어 이스라엘 백성이 요단강을 건넙니다. 어떻게 건너가고 있습니까? 요단강을 건너는 것과 옛날 홍해를

At last, the Israelites crossed the Jordan River. How did they cross it? Crossing the Jordan River was completely different

건너는 것은 완전히 다릅니다. 홍해 앞에서는 사실 이스라엘 백성이 할 것이 아무것도 없었습니다. 모세가 다 했습니다.

from crossing the Red Sea. The Israelites did not have to do anything for the Red Sea to part. Moses had done everything.

모세가 손을 들면 홍해가 갈라졌고 그 갈라진 곳을 이스라엘 백성은 건너기만 하면 됐습니다. 그런데 요단강은 달랐습니다.
The Red Sea parted when Moses stretched out his hands. The Israelites only had to walk across it. But this time, it was different.

요단강은 누가 갈라주는 것이 아닙니다. 그렇다고 10년을 기다려도, 100년을 기다려도 절대 저절로 갈라지지 않습니다. 모세도 죽고 없습니다.
Nobody parted the Jordan River for them. Waiting for 10 or 100 years was not going to solve the problem. Moses was dead.

요단강이 갈라지는 것은 하나님의 말씀에 순종해서 그 강에 우리 발을 내디딜 때, 그때 비로소 요단강이 갈라지는 것입니다.
However, the Jordan River split apart when the Israelites obeyed the Word of God by stepping into the river.

우리도 하나님의 은혜로 이미 홍해를 건너고 지금 요단강 앞에 서 있다고 생각합니다. 여러분 앞에 가로막고 있는

We have also crossed the Red Sea by the grace of God and now we are standing in front of the Jordan River. I pray that

요단강이 갈라지는 역사가 일어나길 바랍니다. 그렇습니다. 삶의 위기에서 우리는 더욱 하나님을 의지해야 합니다.
the Jordan River that is set before you all will split. That's right. In a crisis, we must depend on God all the more.

우리가 하나님을 바라보며 하나님 중심의 삶으로 결단할 때 새로운 축복이 찾아오게 되는 것입니다. 다시 말해서,
We will experience new blessings when we look to God and will resolve to live a God-centered life. In other words,

우리가 하나님을 믿고 흐르는 물속에 우리 발을 직접 내딛는, 주님만 온전히 의지하는 믿음의 행동이 있어야 합니다. 구원받은 성도는 마땅히
we must trust God and act upon our faith by stepping into the flowing river. Those who have been saved must live a God-centered life

하나님 중심으로 살아야 진정한 축복이 있는 것입니다. 하나님을 믿고 사랑으로 살아가는 믿음의 행동이 있어야 합니다. 때로는 우리의 인생살이가

in order to experience true blessings. We must trust and love our God. We must act upon our faith. Although we may experience

고달파도 불평하거나 원망할 것이 아니라 하나님께 감사하면서 살아야 하는 것입니다. 사랑하고 감사하는

hardships in life at times, we need to give thanks to God instead of grumbling. Christians who give thanks transcend their circumstances,

그리스도인의 삶은 환경을 초월합니다. 물질을 초월합니다. 건강을 초월하고 성공과

no matter how dire. They are able to transcend materialism. Christians who love can even transcend health; they transcend

실패를 초월하는 것입니다. "내 영혼아 네가 어찌하여 낙망하며 어찌하여 내 속에서 불안하여 하는고?

their successes and failures as well. "Why are you cast down, O my soul, and why are you in turmoil within me?

너는 하나님을 바라라. 하나님을 찬송하라. 하나님이여, 내 마음이 확정되었고 내 마음이 확정되었사오니 내가 노래하고 내가 찬송하며 살리라."

Hope in God; for I shall again praise him. My heart is steadfast, O God, my heart is steadfast! I will sing and make melody."

사랑하는 성도 여러분! 여러분의 삶의 위기가 하나님의 축복이 되시기를 주님의 이름으로 축원합니다.

Beloved saints! I pray in the name of the Lord that God will turn your crisis into a blessing.

깨어서 정신 차리자
Be Alert and Self-Controlled

데살로니가전서 5장 4~9절

"형제들아 너희는 어둠에 있지 아니하매 그 날이 도둑 같이 너희에게 임하지 못하리니 너희는 다 빛의 아들이요 낮의 아들이라 우리가 밤이나 어둠에 속하지 아니하나니 그러므로 우리는 다른 이들과 같이 자지 말고 오직 깨어 정신을 차릴지라 자는 자들은 밤에 자고 취하는 자들은 밤에 취하되 우리는 낮에 속하였으니 정신을 차리고 믿음과 사랑의 호심경을 붙이고 구원의 소망의 투구를 쓰자 하나님이 우리를 세우심은 노하심에 이르게 하심이 아니요 오직 우리 주 예수 그리스도로 말미암아 구원을 받게 하심이라."

1 Thessalonians 5:4~9

But you, brothers, are not in darkness so that this day should surprise you like a thief. You are all sons of the light and sons of the day. We do not belong to the night or to the darkness. So then, let us not be like others, who are asleep, but let us be alert and self-controlled. For those who sleep, sleep at night, and those who get drunk, get drunk at night. But since we belong to the day, let us be self-controlled, putting on faith and love as a breastplate, and the hope of salvation as a helmet. For God did not appoint us to suffer wrath but to receive salvation through our Lord Jesus Christ.

●

사람은 웃을 줄도 알고 울 줄도 알아야 합니다. 예수를 믿는 그리스도인들은 잘 웃어야 하고 잘 울어야 합니다. 때에 따라서 웃을 줄도 알고

A person needs to know when to rejoice and weep. A Christian ought to be good at rejoicing and weeping. A healthy church

울 줄도 아는 그리스도인들이 건강한 교인들입니다. 일찍이 예수님께서 "어린아이 같은 사람이 천국에 간다"라고 하셨는데

member knows how to rejoice and weep with others. Jesus said, "Only those who receive the kingdom of God as a child shall enter it."

어린아이의 특징이 무엇입니까? 어린아이는 잘 웃고 잘 웁니다. 그런데 오늘의 시대는 어떻습니까? 무감각의 시대입니다.

What is a characteristic of a child? Children are good at rejoicing and weeping. But how are we doing today? We live in

세상살이가 너무 삭막해서 웃을 줄도 모르고 울 줄도 모릅니다. 예수님께서

an age of insensitivity. Life is so hard that we have forgotten how to rejoice and weep. Jesus said,

"우리가 너희를 향하여 피리를 불어도 너희가 춤추지 않고 우리가 슬피 울어도 너희가 가슴을 치지 아니하였다." 세상이 각박해 졌습니다.

"We played the flute for you, and you did not dance; we sang a dirge, and you did not mourn." This world has become heartless.

그래서 예수 그리스도를 믿고 교회를 다니는 사람들도 기쁨이 없습니다. 웃음이 없습니다. 감사와 감격이 없습니다.

Even those who believe in Jesus Christ lack joy. There is no joy in their life. They lack gratitude and appreciation.

1865년 프랑스의 폴 브로커라는 학자가 처음으로 우리 뇌는 양쪽으로 나누어져 있다는 것을 발견했습니다. 좌뇌와 우뇌로 분리되어있고,

In 1865, a French scholar named Paul Broca discovered that our brain is divided into two major parts. The right and left cerebral

역할과 기능도 다르다고 했습니다. 좌뇌는 합리적, 논리적, 지성적입니다. 반대로 우뇌는 감성적,
hemispheres had two distinct functions. The left brain is associated more with logic and rationality. The right brain is associated

예술적, 정서적입니다. 그런데 웃음과 울음은 좌뇌와 우뇌가 함께 작용할 때 웃음이 나오고 울음이 나온다고 합니다.
more with creativity and emotion. However, both the right and left brains must work together for a person to laugh or cry.

그런데 웃지 않고 울지 않으면 우리의 뇌가 기능상실 즉, 고장이 난 것입니다. 부흥회를 가끔 나가 보면
Lack of laughter and tears indicates that our brain is not functioning properly. When I guest speak for a revival,

어떤 교회의 성도들은 웃겨도 웃지도 않고 울려도 울지 않고 그냥 가만히 앉아 계십니다. 점잖으셔서 그럴까요? 왜 못 웃습니까? 왜 못 웁니까?
I find that some churches neither laugh nor cry. Perhaps they are trying to be polite. But why is it that they cannot laugh or cry?

영혼이 병들어서 그렇습니다. 우리의 영혼이 건강하지 않으면 교회에 앉아 있어도 기쁨이 없습니다. 평안도 없습니다.

Sometimes, it is because their souls are diseased. Coming to church is not joyful when our souls are diseased. There is no peace.

죄에 대한 슬픔도 없습니다. 그런 교회는 병들어 죽어있는 교회입니다. 그렇습니다. 성도들의 영혼이 깨어있어야

There is no grieving over sins. Such a church is diseased and dead. That's right. A church is healthy when the souls of its members

건강한 교회입니다. 하나님의 말씀을 들을 때 반응할 수 있어야 합니다. 하나님을 향한, 다른 성도를 향한 감각이 죽어버리면

are awake. We need to be able to respond when we hear the Word of God. If we are insensitive towards God or others in the church,

살았다고는 하지만, 사실은 죽은 사람과 마찬가지입니다. 그러므로 우리는 항상 깨어있어야 하고 정신 차려야 합니다.

we are basically dead. Therefore, we must stay alert and sober-minded.

우리가 믿는 기독교에는 3가지 중요한 교리가 있습니다. 첫째는 창조론입니다. "태초에 하나님이 천지를 창조하시니라."
Christianity teaches three important doctrines. The first is the doctrine of Creation. "In the beginning, God created the heavens and the earth."

태초에 하나님께서 우주 만물을 창조하시고 하나님의 형상대로 우리 인간을 만드셨습니다. 이 세상의 우주 만물을
In the beginning, God created the universe. God created human beings in His own image. God created the heavens

하나님께서 만드셨습니다. 이 교리는 불교에는 없습니다. 불교에는 창조론이나 종말론이 없습니다.
and the earth. This doctrine cannot be found in Buddhism. The doctrine of Creation or the doctrine of end times cannot be found in Buddhism.

시작도 없고 끝도 없이 돌고 도는 것이 불교의 역사관입니다. 불신자들은 장례식을 할 때 상여 앞에서 선창을 하는데
According to Buddhism, there is no beginning or end to history. In Buddhist funerals, people sing a song that goes like this:

"이제 가면 언제 오나?" "이제 가면 언제 오나?" 그럽니다. 오긴 왜 옵니까? 오면 되겠습니까?

"Now that you are gone, when will you come back? When will you come back?" Why would anyone come back?

이것은 소위 윤회설, 곡선 세계를 보여줍니다. 돌고 돌아서 끝이 없는 것입니다. 그러나 우리가 믿는 기독교에는 시작이 있으므로

This shows their belief in the doctrine of reincarnation. Their concept of time is cyclical. However, Christianity teaches that there is a beginning

끝도 있다는 것을 가르칩니다. 직선 세계입니다. 알파와 오메가요, 처음과 나중을 이야기합니다. 둘째는 구원론입니다.

and an end to history. Our concept of time is linear. The Bible talks about the Alpha and Omega, the beginning and end. The second doctrine is of Salvation.

"하나님이 세상을 이처럼 사랑하사 독생자를 주셨으니 이는 저를 믿는 자마다 멸망치 않고 영생을 얻게 하려 하심이라."

"For God so loved the world, that he gave his only Son, that whoever believes in him should not perish but have eternal life."

인간이 유혹을 받아 죄를 짓고 타락함으로 죄 아래서 질병을 가지고 고통 가운데 살게 됐습니다.
When mankind was tempted, they sinned and consequently fell. As a result, all mankind is under sin. People have been toiling together ever since the fall.

그런 불쌍한 인간을 구원하시기 위하여 하나님께서는 율법을 제정하시고 선지자들을 보내셨습니다.
But God had compassion on mankind and sought to save them by sending them prophets and establishing the law.

그런데 인간들이 그들의 말을 듣지 않았습니다. 그래서 예수님께서 친히 육신의 몸으로 이 땅에 오셨습니다.
Nonetheless, people did not listen to the prophets. Thus, Jesus took the form of man and descended to this earth.

그리고 십자가를 통하여 구원을 이루시고 부활하시고 승천하셨습니다. 그리고 성령을 대신 보내셔서
He then took our sins and died on the cross; only to be resurrected and return to heaven. Subsequently, God sent the Holy Spirit

교회를 통해서 누구든지 예수를 믿으면 구원을 받습니다. 성령

의 역사, 구원의 역사가 계속되고 있는 것입니다.

so that the work of salvation would continue through the church. The work of the Holy Spirit continues to this day.

세 번째는 종말론입니다. "한 번 죽는 것은 사람에게 정해진 것이요. 그 후에는 심판이 있으리니."

The third is the doctrine of end times. "And just as it is appointed for man to die once, and after that comes judgment."

이는 역사의 끝, 역사의 완성을 말합니다. 땅끝까지 복음이 전파된 후에 예수님께서 다시 재림하셔서 선악을

This refers to the end of history; the completion of history. When the gospel is proclaimed to the ends of the earth,

심판하시는 역사의 종말입니다. 그때부터 예수님께서 온 세상을 다스리는 왕국이 임한다는 것이 종말론의 중요한 사상입니다.

Jesus will return and bring final judgment. From then on, the kingdom of God will come, and Jesus will reign.

그래서 환란과 핍박이 많았던 초대교회 성도들은 서로 만나면 "마라나타, 주님 오십니다"라고 인사를 했습니다. 그들은 종말이 올 것을 믿었습니다.

For this reason, the members of the early church greeted each other by saying, "Maranatha, The Lord is coming." They believed that the end times would come.

우리가 사는 이 시대는 죄악이 관영하고 가치관이 흔들리는 혼돈의 시대입니다. 우리는 말세를 살아가고 있습니다.
However, we are living in a chaotic age where sin spreads quickly, and our values are shaken. We are living in the end times.

마치 역사의 종말을 향하여 막 달려가는 불안한 시대에 우리가 살고 있습니다. 그러나 예수님을 믿는 우리는 두려워하거나
It is as if we are on a train that is hurtling towards the end of times. Nevertheless, those of us who believe in Jesus do not need

겁낼 필요가 없습니다. 종말이 올 때 원수를 이기고 주님과 더불어 승리할 것이기 때문입니다. 그러므로 미래에 대해서 염려하지 말아야 합니다.
to be afraid because we will overcome the enemy and claim victory with our Lord. Thus, we do not need to worry about the future.

두려워하거나 걱정하지 마시기 바랍니다. 현실에 환란과 핍박과 어려움이 있어도

May we not be overwhelmed by uncertainties. Let us be steadfast even through the difficulties of life. Let us endure though

잘 참고 견디시기 바랍니다. 우리가 사는 이 세상이 다 망하는 것 같지만, 예수를 믿는 우리 성도들은

we may face trials and tribulations. This world will perish but those who believe in Jesus have hope. We believe that

예수님의 재림과 함께 종말이 올 때 승리한다는 소망을 가지고 살아야 합니다. 그렇습니다. 예수님이 오실 날이 가까이 오고 있습니다.

we will be victorious when Jesus returns and the end of this world arrives. That's right. The Second Coming of Jesus is fast approaching.

그러므로 깨어서 정신을 차리고 주님의 재림을 준비해야 합니다. 성경의 말씀은 삼분의 일이 예언입니다.

Thus, we need to be alert and sober-minded. We need to prepare for the return of the Lord. One-third of the Bible is prophecy.

그중에 예수님이 오시는 3가지 모습이 기록되어 있습니다. 첫째가 초림입니다. 예수님께서 2천 년 전 유대 땅
The Bible speaks of the coming of Jesus in three ways. The first is the First Advent of Christ. The birth of Jesus in Bethlehem,

베들레헴에서 탄생하신 것은 창세기부터 예언된 예언의 성취입니다. 두 번째가 성령강림입니다.
the land of Judah, which happened over 2,000 years ago - this fulfilled the prophecies of old. The second was the coming of the Holy Spirit.

예수님이 부활하사 승천하신 후 마가의 다락방에서 120명의 성도가 모였을 때 성령이 강림하신 것입니다.
After the resurrection and ascension of Jesus, the Holy Spirit was sent down to where 120 people had gathered in Mark's upper room.

신약 시대는 은혜 시대입니다. 우리는 현재 성령 시대를 살고 있습니다.
Thus, the New Testament era is called the Age of Grace. We are now living in the Age of the Holy Spirit.

그리고 세 번째가 예수님의 재림입니다. 예수님의 재림은 예언된 지 2천 년이 되었는데 아직은 이루어지지 않았고 이 예언은

The third is the Second Coming of Jesus. This prophecy has not been fulfilled for over 2,000 years. This prophecy is to be

앞으로 성취될 것입니다. 성경에는 이 예수님의 재림에 대해서 300번 이상 언급했습니다. 오늘도 사도신경을

fulfilled in the future. The Bible mentions the Second Coming of Jesus more than 300 times. We confess this whenever we recite

고백하지 않았습니까? "하늘에 오르사 전능하신 하나님 우편에 앉아 계시다가

the Apostles' Creed, right? "He ascended into heaven; And sitteth on the right hand of God the Father Almighty;

저리로서 산 자와 죽은 자를 심판하러 오시리라." 그렇습니다. 예수님께서 재림하실 때 어떤 일이 일어날까요?

From thence He shall come to judge the quick and the dead." That's right. What will happen when Jesus returns?

성경은 이렇게 이야기합니다. "민족이 민족을, 나라가 나라를 대적하여 일어나겠고 곳곳에 지진이 있으며

This is what the Bible says, "For nation will rise against nation, and kingdom against kingdom. There will be earthquakes

기근이 있으리니 이는 재난의 시작이니라. 거짓 그리스도들과 거짓 선지자들이 일어나서 이적과 기사를

in various places; there will be famines. These are but the beginning of the birth pains. For false christs and false prophets

행하여 할 수만 있으면 택하신 자들을 미혹하려 하리라." 어떻습니까? 지금이 바로 그때입니다.

will arise and perform signs and wonders, to lead astray, if possible, the elect." Aren't these things happening now?

지금도 굶어 죽는 사람이 수만 명씩이나 된다고 하지요. 공해 때문에 엄청나게 많은 땅이 사막화되어가고 있습니다.

It is said that tens of thousands of people are dying of starvation now. Pollution is leading to massive desertification.

자연의 오염으로 바다의 물고기가 죽어갑니다. 우리가 사는 LA를 비롯해서 세계 도처에 지진이 일어나고 자연 재해, 수많은 재난이 일어나며

Pollution is also killing fish in the sea. Earthquakes and countless natural disasters are taking place in the world, including in Los Angeles.

자기가 그리스도라고 말하는 거짓 선지자가 너무 많이 있습니다. 사탄의 지배를 받으며 불법이 성행하므로
There are too many false prophets who claim to be the Christ today. This world is being ruled by Satan and lawlessness is proliferating.

우리에게 있는 사랑이 식어 가고 있습니다. 이런 현실을 볼 때, 최후의 심판이 곧 다가오고 있음을 알 수 있습니다.
Thus, our love is growing cold. All these things indicate that the final judgment is approaching fast.

그런데 그것이 일회적 사건이기 때문에 잘 믿어지지 않습니다. 예를 들면 우리가 100년 후에는 이 자리에 있을 사람이 없습니다.
But this is hard to believe because it will be a one-time event. For example, most of us here will not be alive in 100 years.

왜요? 다 죽기 때문입니다. 죽는다는 것이 사실이지만, 일회적 사건이기 때문에 잘 믿어지지 않습니다.
Why? Because we all die. The truth is that we all die, but this

is hard to believe because it is a one-time event.

1945년 8월 초에 일본 히로시마에 경고문 전단이 뿌려졌습니다. "과거에 없었던 무서운 원자폭탄이 히로시마에 떨어질 것입니다.
In August 1945, leaflets were dropped in Hiroshima, Japan. "The most destructive bomb of history will be dropped on Hiroshima.

이것이 떨어지기 전에 천황에게 빨리 항복하도록 하세요. 만약 그가 듣지 않으면 8월 6일 이전에 이곳을 떠나기 바랍니다."
Petition the Emperor to surrender now. If he rejects your petition, evacuate your city. Evacuate your city before August 6."

그때 일본사람들은 그것을 보고 "우리가 전쟁에서 이기고 있는데 항복이라니 그게 무슨 소리냐"라고 하며 코웃음을 쳤습니다.
When the Japanese people read the note, they said, "Why would we surrender when we are winning the war?" They snorted altogether.

그러나 뜻 있는 몇 사람은 히로시마를 떠났습니다. 예정대로 히로시마에 원자폭탄이 떨어졌습니다.
However, a few people took the warning seriously and left Hiroshima. As planned, the atomic bomb was dropped on

Hiroshima.

그 말을 믿지 않았던 사람들은 그 자리에서 순식간에 다 죽었지만, 그 전단을 보고 멀리 피난 갔던 사람들은 다 살았습니다.

Everyone who ignored the warning died instantly on the spot, but those who fled far away survived.

그렇습니다. 예수님 오실 날이 다가오고 있습니다. 시작이 있으면 끝이 있는 것처럼 창조와 구원의 역사가 있었으면

That's right. The Second Coming of Jesus is fast approaching. If there is a beginning, there must be an end. In the same manner,

마지막으로 역사의 종말이 옴으로서 예수님이 오셔서 심판하시고 왕이 되실 것입니다.

since there was Creation and Salvation, there will be Judgment on the Last Day. Jesus will judge the world and rule as King.

"그들이 평안하다, 안전하다 할 그때 임신한 여자에게 해산의 고통이 이름과 같이 멸망이

"While people are saying, 'There is peace and security,' then sudden destruction will come upon them as labor pains come upon

갑자기 그들에게 이르리니 결코 피하지 못하리라." 그러므로 우리는 늘 깨어서 정신을 바짝 차리고 열심히 교회 생활,
a pregnant woman, and they will not escape." Therefore, we must be alert and sober-minded. We need to be diligent

신앙생활을 해야 합니다. 우리가 사는 캘리포니아 남쪽은 그래도 날씨가 좋기로 유명합니다.
in our spiritual walk and faithfully serve the church. Southern California is famous for its nice weather.

그런데 사실 계절은 봄, 여름, 가을, 겨울로 형성되어있습니다. 우리가 태어난 조국, 대한민국이나
However, the four seasons consist of Spring, Summer, Fall, and Winter. South Korea, our motherland, has all four seasons.

미국에서도 중부, 동부에 가면 계절의 변화를 쉽게 알 수 있습니다. 자연은 그 계절에 따라
We can also experience the change of all four seasons in other parts of the United States. Nature changes according to the season

모양을 달리합니다. 그리고 쉴 새 없이 진행되어가고 있습니다. 그러므로 계절을 잘 분간 할 줄 알아야 합니다.

and this cycle never ceases. Therefore, we need to be able to recognize the change of seasons.

봄에는 여름이 오고 있다는 것을, 여름에는 가을이 오고 있다는 것을, 가을에는 겨울이 온다는 것을 알아야 합니다.

We need to know that Summer comes after Spring, Fall comes after Summer, and Winter comes after Fall.

그렇게 사는 사람이 지혜로운 사람입니다. 지금은 주님의 재림 때가 가까워져 오고 있습니다. 그러므로 우리는 모두 깨어서 정신을 차리고

This is how homo sapiens, wise people, live. The Second Coming of Jesus is approaching fast. Therefore, we all need to be alert

주님을 맞이할 준비를 해야 합니다. 그럼 예수님이 언제 오십니까? 한 마디로 이야기하면, 우리가 알지 못하는 때 예수님이 오십니다.

and prepare to receive the Lord. So then, when will Jesus return? Simply put, he will come at a time we do not know.

오늘날 많은 거짓 예언자가 날짜를 정해서 예수님이 오신다고 사람들을 유혹하고 있습니다. 이것은 모두 거짓입니다.

Today, many false prophets mislead people by saying that Jesus will return on a set date. This is all a lie because the Bible

왜냐하면 그날과 그때는 아무도 모른다고 했습니다. "그날과 그때는 아무도 모르나니 하늘의 천사들도

states that nobody knows the exact day or hour of His return. "But concerning that day and hour no one knows,

아들도 모르고 오직 아버지만 아시느니라." 누구만 안다고 하셨습니까? 하나님 아버지만 아신다고

not even the angels of heaven, nor the Son, but the Father only." Who is the only one who knows it? The Bible clearly says

성경은 분명하게 말씀합니다. 그런데 지난 2000년에 예수님이 재림하신다고 이상한 일들을 한 종파들이 많았습니다.

only God, the Father, knows. Many religious sects did strange things claiming that Jesus would return in the year 2000.

날짜 예언은 이단들이 많이 합니다. 오늘날 많은 거짓 예언자들이 날짜를 정해서 예수님이 오신다고

The heretics tried to predict the day of the Second Coming

of Jesus. Many false prophets today are misleading people claiming

사람들을 유혹하고 있습니다. 수십 년 전에 샌프란시스코에 짐 존스라는 사람이 이끄는 "피플 템플"이라는

that Jesus will return on a set date. A few decades ago, there was a heretical sect in San Francisco called the "Peoples Temple"

이단 종파가 있었습니다. 그는 종말론을 부르짖다가 결국 1,000여 명의 신도를 이끌고 가이아나 정글에 가서

led by a man named Jim Jones. Predicting the end of the world, he took 1,000 of his followers to a jungle in Guyana.

그들에게 독약을 먹여 모두 죽였습니다. 샌디에고에서도 집단 자살이 있었습니다.

What resulted was a mass suicide as he made everyone drink poison. There was another mass suicide in San Diego.

지금도 자신의 몸에 폭탄을 안고 테러를 하는 이슬람이 많이 있습니다. 그들은 모두 이단 사상의

Even now, there are many Islams who engage in terrorist attacks - suicide bombings. All of these incidents occurred

종말론자들입니다. 이 얼마나 어리석은 자들입니까? 그들은 이 세상의 삶을 부인하고 우습게 압니다.

because these heretics had an incorrect view of the Last Day. How foolish are they? They do not take life seriously.

초대교회 교인들 중에도 "예수님이 오실 텐데 땀 흘려 일해서 뭐 하냐?" 하고 의심을 품는

Even among the members of the early church, some thought, 'Jesus is coming back soon,

사람들이 있었습니다. 그때 바울이 "이 어리석은 자들아, 일하기 싫거든 먹지도 말라"라고 책망했습니다.

why should we work hard?' Paul rebuked these people by saying, "If anyone is not willing to work, let him not eat."

대문호 윌리엄 셰익스피어가 어느 날, 런던의 한 음식점에 들렀을 때, 손님들이 식사하다 말고 일어나 존경과

When the great writer William Shakespeare went into a restaurant in London, people inside stood up to show respect

사랑의 마음으로 경의를 표했습니다. 이 광경을 본 그 식당의 한 하인이 땅이 꺼져라 한숨을 쉬는 것이었습니다.

and express their appreciation for him. When one of the

workers in the restaurant saw this, he could not help but sigh.

셰익스피어는 그 한숨 소리를 듣고 하인을 따라 밖으로 나갔습니다. 그리고 하인에게 "왜 한숨을 쉬느냐?"라고 물었습니다. 하인이 이렇게 답합니다.

Shakespeare noticed the worker and followed him outside. He asked the worker, "Why are you sighing?" The worker replied,

"똑같은 사람으로 태어났으면서 당신 같은 사람은 많은 사람에게 사랑과 존경을 받는데 나는 밥이나 얻어먹기 위해서 식당 마당을 쓸고 있는 신세니

"I was born human like you. You are loved and respected by so many people, but I am sweeping the floor just to get some food.

나 자신이 가여워서 한숨이 절로 나옵니다." 그때 셰익스피어는 이렇게 그를 위로했습니다. "친구여, 당신은 식당 마당을

I pity myself. This was why I was sighing." Shakespeare comforted him saying, "My friend, you are not simply sweeping

쓰는 것이 아닙니다. 하나님께서 지으신 지구의 한 모퉁이를 쓰는 것입니다." 그렇습니다.

the floor of the restaurant. You are sweeping a corner of the earth that was created by God." That's right.

예수님이 다시 오실 날이 가까웠다는 것은 여러 증거로 보아 알 수 있습니다. "오실 이가 오시리니 지체하지 아니하시리라."
There is much evidence that shows that the day of Jesus' return is near. "The coming one will come and will not delay."

주님이 더디 오시리라고 생각하며 영적으로 잠자지 마십시오. 우리는 깨어서 정신을 똑바로 차려야 합니다.
May we not be spiritually asleep thinking that the Lord will delay. We must be alert and be sober-minded.

특별히 지난 일 년 넘도록 Covid-19 때문에 자의에 의하든, 타의에 의하든 교회 생활을 등한시하지 않았습니까?
Have you been neglecting the faith due to Covid-19 or any other reason for this past year?

이제는 영적인 잠에서 깨어나야 합니다. 원수 마귀 사탄이 우는 사자 같이 삼킬 자를 찾으니 대적하기 위하여 우리는 깨어서
We must wake up if we are spiritually asleep. Our adversary the devil prowls around like a roaring lion. We must be alert

정신 차려야 합니다. 게으르고 나태하게 잠자던 신앙의 잠에서 깨어나 정신을 차리고 열심히 일해야 합니다.

and be sober-minded. We need to break free from laziness and indolence. We must be alert and be diligent in our spiritual walk.

소망을 가지고 기쁨과 감사로 살아야 합니다. 언제 우리 신랑 주님이 오실지 모르기 때문에 그렇습니다.

We must live with hope, joy, and gratitude because the Lord, our Bridegroom, will come in an hour we do not know.

존슨 대통령이 미항공 우주국 나사를 방문했습니다. 로비를 지나다가 지저분한 바닥을 닦고 있는 청소부를 발견했습니다.

One day, President Johnson visited NASA. He found a janitor who was mopping the floor in the lobby.

청소부는 콧노래를 부르며 바닥을 닦고 있었습니다. 그 모습이 하도 즐거워 보여서 대통령은 부러운 생각마저 들었습니다.

The janitor was humming while he was mopping the floor. When President Johnson saw how joyful this person was, he even became envious.

그래서 청소부에게 다가가 물었습니다. "청소하는 일이 그토록

즐겁소? 비법을 듣고 싶구려." 그러자 청소부는 이렇게 대답했습니다.

And so, he walked up to the janitor and asked, "What makes cleaning so joyful? I want to hear the secret." The janitor replied,

"각하! 저는 일개 청소부가 아닙니다. 인간을 달에 보내는 일을 돕고 있습니다."

"Sir! I am not just a janitor. I am helping humans get to the moon."

그렇습니다. 반드시 예수님이 오시기는 오시는데 언제 오실지는 모릅니다. 그러므로 우리는 신앙의 잠에서 깨어나

That's right. Although we do not know when, Jesus will certainly return. Thus, we need to wake up from our spiritual slumber

정신을 차리고 열심히 믿음의 길을 걸어야 합니다. 노아 홍수 때 하나님께서 물로 심판하신다고 했습니다. 순종한 노아의

and be diligent in our spiritual walk. During the days of Noah, God said that he would judge with water. Noah and his family,

여덟 식구는 방주를 준비하여 구원을 받았지만, 다른 사람들은

먹고 마시며 믿지 않다가 다 죽었습니다.

eight people in total, obeyed God and were saved. But the rest of the world perished while they ate and drank in disbelief.

누가복음에도 어리석은 종의 이야기가 나옵니다. 주인이 더디 오리라고 생각하며 먹고 마시고 취해 있을 때

In the Gospel of Luke, the foolish servant thought that his master was delayed in coming. Instead of working, he ate and drank.

주인이 와서 그 종을 엄히 징벌합니다. 오늘도 하나님께서 말씀하십니다.

When he became drunk, the master came and punished the servant severely. Our God speaks to us today.

"너희가 이 시기를 알거니와 자다가 깰 때가 벌써 되었으니 이는 이제 우리의 구원이 처음 믿을 때 보다

"Besides this you know the time, that the hour has come for you to wake from sleep. For salvation is nearer to us now

가까웠음이라 밤이 깊고 낮이 가까웠으니 그러므로 우리가 어둠의 일을 벗고 빛의 갑옷을 입자

than when we first believed. The night is far gone; the day is at hand. So then let us cast off the works of darkness and put

낮과 같이 단정히 행하고 방탕하거나 술 취하지 말며 음란하거나 호색하지 말며 다투거나

on the armor of light. Let us walk properly as in the daytime, not in orgies and drunkenness, not in sexual immorality and

시기하지 말고 오직 주 예수 그리스도로 옷 입고 정욕을 위하여 육신의 일을 도모하지 말라."

sensuality, not in quarreling and jealousy. But put on the Lord Jesus Christ, and make no provision for the flesh, to gratify its desires."

그렇습니다. 우리는 "그때를 위하여" 신앙생활을 다시 점검하고 각성해야 합니다. "흰옷 입은 사람들"이 마지막 날 주님을 맞이하는데

That's right. We need to examine our faith for "the time." Those "clothed in white robes" will receive the Lord on the last day.

경건하고 거룩하게 사는 변화된 삶을 살아야 합니다. 주님을 더욱 사랑하며 열심히 섬겨야 합니다.

Thus, we need to live a godly and holy life. We must live a life that is transformed. We need to love and serve the Lord more.

세상의 것을 주님보다 더 사랑하지 말고 주님을 더욱 사랑하고 교회를 통해서 신앙생활을 열심히
We are called to love the Lord our God more than this world. We are called to serve the Lord and walk by the Spirit

잘해야 합니다. 특별히 인류 구원, 땅끝까지 복음이 전파된 후에 주님이 오신다고 했으니
together with the church. We must strive to spread out the gospel since the Lord said he will return when the gospel

힘써 전도해야 합니다. 내 주위에 있는 사람들을 강권하여 하나님의 집을 채워야 합니다.
reaches the ends of the earth. We need to urge those around us to worship God and fill the house of God.

스티븐 스필버그 감독의 〈라이언 일병 구하기〉 영화가 수많은 관객을 모을 수 있었던 것은 자신과
Steven Spielberg's film <Saving Private Ryan> attracted a large audience because it led people to hope for the rescue of

자식을 생각하고 인류가 구출되기를 원했던 마음 때문입니다.

그러므로 우리는 예수님이 오실 날을 기다리며
humanity by making them think about themselves and their children. Therefore, we must eagerly wait for the return of Jesus

적극적으로 복음을 전해야 합니다. 우리가 열심히 전도하려면 능력이 있어야 합니다.
and actively proclaim the gospel. We need to be empowered in order to be faithful witnesses of Jesus Christ.

그 능력은 하나님 앞에서 예배하고 찬양하며 기도해야 얻어지는 것입니다. 찬양도 기도도 열심히 해야 합니다.
We will be empowered when we worship our God and pray to Him. We need to praise the Lord with passion. We need to pray with eagerness.

그런데 찬양이 나오기가 쉽지 않습니다. 그래서 우리는 열심히 배워야 합니다. 예수님의 제자들도 예수님께 가르쳐달라고 했잖아요?
But that is not easy. Thus, we need to learn diligently. Did not the disciples of Jesus also ask Jesus to teach them?

히브리인들에게는 하나님을 섬기는 것이 삶의 전부입니다. 늘

그들은 쉐마의 기도를 드렸습니다. "이스라엘아 들으라
Serving God was everything for the Hebrews. Thus, they lifted up The Shema. "Hear, O Israel: The LORD our God, the LORD is one.

우리 하나님 여호와는 오직 유일한 여호와이시니 너는 마음을 다하고 뜻을 다하고 힘을 다하여 네 하나님 여호와를 사랑하라."
You shall love the LORD your God with all your heart and with all your soul and with all your might."

그러므로 우리는 얽매이기 쉬운 유혹들을 다 물리치고 예수 그리스도의 이름을 선포하며 열심히 기도해야 합니다.
Thus, we must overcome all temptations in the name of Jesus Christ and devote ourselves to prayer.

뭐가 된다, 안 된다는 소리 그만하시고 새벽에 하나님 앞에 나와 기도해보시기 바랍니다. 하늘 문이 열릴 것입니다.
We need to stop saying, "I cannot do it. It does not work." I exhort you to cry out to the Lord in the morning. The gates of heaven will open.

말세가 오고 주님의 재림이 가까워져 올수록 더욱 깨어서 열심히 찬송하고 기도해야 합니다.

We need to be alert and diligently pray as we are getting closer to the day on which the Lord will return.

왜일까요? 사탄은 언제나 우리가 예배, 찬송, 기도, 헌금, 봉사를 못하게 합니다. 그러므로 우리는

Why? Because Satan always keeps us from worshipping, lifting praises, praying, tithing, and serving. Therefore, we need to

이 세상의 무거운 짐과 얽매이기 쉬운 죄를 벗어버리고 깨어서 정신을 차리고 매일매일 충실하게 열심히

lay down our burdens and break free from sins. We need to be alert and be sober-minded so that we can walk by faith

신앙생활을 해야 합니다. 그래야 우리는 주님이 오실 그날을 떳떳하게 맞이할 수 있을 것입니다. "그때에 두 사람이 밭에

every moment of our life. Only then, we will be able to stand with dignity when the Lord returns. "Then two men will be

있으매 한 사람은 데려가고 한 사람은 버려둠을 당할 것이요 두 여자가 맷돌질을 하고 있으매 한 사람은 데려가고 한 사람은 버려둠을 당할 것이니라."

in the field; one will be taken and one left. Two women will be grinding at the mill; one will be taken and one left."

학교나 회사에 들어가기 위해서 시험을 쳤는데 합격자 명단에 내 이름이 없어요. 분명히 내 이름이 있어야 하는데
It is like passing the entrance exam to get into a school or company but not finding my name. My name needs to be there,

없는 거예요. 없으면 그 학교에, 그 회사에 못 들어가는 겁니다. 우리가 이렇게 예수님을 믿다가
but I cannot find it. If my name is missing, I cannot go to that school or company. Thus, let us examine our faith. If we keep

천국에 갈 수 있을지 살펴보시기 바랍니다. 그렇습니다. 우리가 하나님을 잘 섬기기 위해서는, 우리가 교회를 잘 섬기기
living this way, will we be able to go to heaven? That's right. We need to let go of our ego and selfish desires in order

위해서는, 우리가 우리 이웃을 잘 섬기기 위해서는 우리의 고집, 아집, 주장, 못난 성격을 모두 빼내야 합니다.
to serve the Lord and the church. We need to let go of our ugly personalities in order to better serve our neighbors.

그래야 역사가 일어납니다. 환란과 시험, 고통과 고난이 있어도 참아야 합니다. 억울한 일을 당해도

If we do so, we will see the work of God. We need to endure trials and tribulations. We need to be steadfast even when

낙심치 말아야 합니다. 서로 이해하고 협력하고 용서하며 사랑해야 합니다. 어떤 일이 있어도 서로 대적하면 안 됩니다.

we face hardships. We ought not to grow weary. We need to forgive and love one another. No matter what, we must not oppose one another.

우리는 서로 미워하지 말아야 합니다. 하늘나라 생명책에 우리 이름이 있는 것을 믿기에 우리는 깨어서 정신을 차리고 신앙생활을 해야 합니다.

We must not hate each other. We need to be alert and be sober-minded knowing that our names are written in the book of life.

사랑하는 성도 여러분! 늘 깨어서 정신 차리고 신앙생활 하다가 들림 받는 여러분들이 되시기를 주님의 이름으로 축원합니다.

Beloved saints! I pray in the name of the Lord that you will be alert and be sober-minded. Let us continue to walk by faith and the Lord will receive us.

BILINGUAL
GOSPEL SERMONS
IN REFORMED
THEOLOGICAL
FOUNDATIONS

생활을 변화시켜라
Make a Life Change

로마서 12장 1~2절

"그러므로 형제들아 내가 하나님의 모든 자비하심으로 너희를 권하노니 너희 몸을 하나님이 기뻐하시는 거룩한 산 제물로 드리라 이는 너희가 드릴 영적 예배니라 너희는 이 세대를 본받지 말고 오직 마음을 새롭게 함으로 변화를 받아 하나님의 선하시고 기뻐하시고 온전하신 뜻이 무엇인지 분별하도록 하라."

Romans 12:1~2

Therefore, I urge you, brothers, in view of God's mercy, to offer your bodies as living sacrifices, holy and pleasing to God--this is your spiritual act of worship. Do not conform any longer to the pattern of this world, but be transformed by the renewing of your mind. Then you will be able to test and approve what God's will is--his good, pleasing and perfect will.

어느 연구소에서 2,500명을 상대로 "당신은 왜 실패했다고 생각하십니까?" 설문조사를 했습니다. 30여 가지 실패 원인 중에서
A research institute poll once asked 2,500 people: "What was the cause of your failure?" Out of 30 different choices

가장 뚜렷하게 많은 사람이 대답한 것은 "결단이 없었기 때문에 실패하였다"라고 것입니다. 일찍이 시인 헨리 워즈워스 롱펠로는
to answer from, most people agreed that the cause of their failure was "a lack of determination." For this reason, Henry Wadsworth Longfellow

"결단하라, 그러면 당신은 자유로워질 것이다"라고 말했습니다. 우리 삶에 자유가 없다면 그것은 확실한 결단이 없기 때문입니다.
said, "Resolve, and thou art free." If we lack freedom, it is because we have not made any resolutions in life.

그렇습니다. 결단이 중요합니다. 성도에게는 하나님이 기뻐하시

는 결단이 필요합니다.

That's right. Determination is important. Believers need to make resolutions that please the Lord and stick with them.

하나님의 말씀 따라 신앙의 결단과 고백이 있어야 합니다. 우리의 신앙고백과 결단이 하나님께는 봉헌이 됩니다.

They need to confess and resolve to live according to the Word of God. Our confessions and resolutions of faith are like offerings to God.

그리고 사람들에게는 예수 그리스도를 증거하는 전도가 됩니다. 뿐만 아니라, 자기 자신에게는 신앙의 지조요, 은혜와 축복이 됩니다.

This will also help us evangelize. Moreover, it is a blessing to us as it will help us be people of principle and values. Thus, Joshua said,

"나와 내 집은 오직 여호와만 섬기겠노라"라고 말했습니다. 베드로는 "주는 그리스도시오 살아계신 하나님의 아들이시니이다"라고 고백했습니다.

"But as for me and my house, we will serve the LORD." Peter confessed, "You are the Christ, the Son of the living God."

바울은 "살든지 죽든지 내 생애에는 예수 그리스도가 전부"라고 신앙의 고백과 결단을 했습니다. 그렇습니다. 교회와 성도는
Paul also made his confession of faith, "Whether I live or die, Christ is my everything." That's right. The church and its members

이 세상의 빛입니다. 모범이 돼야 합니다. 하나님께서는 세상 속에서 예수님이 누구신지를 우리를 통해 나타내기를 원하십니다.
are the light of this world. They must set a standard. God desires to reveal who Jesus Christ is in this world through us.

그것이 영광스러운 교회입니다. 그러므로 교회는 단순히 문화센터가 되면 안 됩니다. 그곳은 복지센터가 아닙니다.
This is what a glorious church looks like. Therefore, the church is not merely a cultural center. It is not a welfare center.

구제, 봉사 모두 좋습니다만, 교회는 예수 그리스도의 몸을 보여주어야 합니다. 그런데 만약 교회가
Volunteering and service are all good, but the church must show that they are the body of Christ. However, if the church

신뢰를 잃고 인정을 받지 못하면 사회 속에서 리더십을 상실하게 됩니다. 그리고 성도가 제대로 믿지 않으면 사회는 어두워지고

loses that trust, it loses its influence as a leader in its society. Thus, the future of our society depends on the genuine faith

미래가 없게 됩니다. 그러므로 교회와 성도는 사회의 모범이 되어야 합니다. 이 세상의 빛이 되어야 합니다. 소금이

of our believers. The church and its members are to set a high standard in society. Believers are called to be the salt and

되어야 합니다. 교회가 그렇게 되기 위해서는 교인들인 우리가 달라져야 합니다. 지금 우리는 두 개의

the light of the world. We, the members of the church, need to first change for the church to function properly. We are living

세상 사이에서 살아가고 있습니다. 하나는 눈에 보이는 "이 세상"이고 또 하나는 눈에 보이지 않는 "저 세상",

in between two worlds now. First, the visible world which we refer to as "this age." Second, the invisible world, eternal heaven,

영원한 하늘나라입니다. 즉, 예수 믿는 우리에게는 미국 시민권도 있지만, 하늘나라 시민권도 있습니다. 그러므로 이 세상에 살지만, 하늘나라

which is referred to as "that age." Thus, we are not only US citizens, but also citizens of heaven. For this reason, we need to

시민처럼 살아야 한다고 합니다. 왜냐하면 성경은 '이 세상은 없어지는 세상이요 육적인 나라요 불신의 세계'라고 가르칩니다.

live as citizens of heaven here on earth. The Bible teaches us that this world will eventually perish. The physical world is marked by unbelief.

그러나 '하나님의 나라는 영원한 나라요 영적인 나라요 믿음의 세계'라고 합니다. 그러므로 예수 믿는 우리가

However, the kingdom of God is eternal. The spiritual world is characterized by faith. Therefore, we who believe in Jesus

천국의 시민답게 "변화된 삶"을 살아야 합니다. 삶의 변화를 원한다면 이 세대를 본받으면

ought to live as citizens of heaven and live a "transformed life." Those who seek to live a transformed life are called not

안 됩니다. 그들은 오히려 변화를 받아 새사람이 되어 하나님의 뜻을 분별해야 합니다. 그렇습니다.

to follow the patterns of this world. Rather, they are called to discern the will of God as a new creation. That's right.

우리는 변해야 합니다. 예수를 믿을수록 달라져야 합니다. 교회를 다닐수록

We must be transformed. Faith in Jesus must lead us into transformation. The longer we have been attending church,

더 변화되어야 합니다. 예수님을 10년 동안 믿은 사람과 50년 동안 믿은 사람은 누가 봐도 확실히

the more transformation we must undergo. Those who have been believing in Jesus for 50 years must be different from

다른 점이 있어야 합니다. 교회에서 장로, 권사, 집사, 목사와 같은 직분을 가진 사람들의

those who have been believing in Jesus for 10 years. Those who hold an office at church such as elders, exhorters, deacons,

모습은 다른 사람들과 달라야 합니다. 예수님을 오래 믿은 사람일수록 그에게서 예수님의 모습이 나타나야 합니다.

and pastors must be different from others. The longer you have been a believer, the more you must reflect the image of Christ.

종교적 매너리즘에 빠져서 익숙하게 흉내만 잘 내면 안 됩니다.

진정한 신앙생활이란, 매일 새롭게

We must not fall into religious mannerisms and merely fake our spiritual walk. A spiritual walk is to live in the presence of the Lord

주님과 함께 사는 삶을 말합니다. "이전 것은 지나갔으니 보라, 새 것이 되었도다." 우리 삶에 뚜렷한 변화가 있어야 합니다.

every single day. "The old has passed away; behold, the new has come." There must be a clear change in our lives.

날마다 새로운 마음으로 살아야 합니다. 예수님의 사랑이 흘러 넘쳐서 날마다 새로운 결단을 하며 살아야 합니다.

We need to renew our hearts every day. The love of Jesus needs to overflow in our lives and we must make new resolutions every day.

우리는 거룩한 삶을 살기 위해 노력해야 합니다. 그리고 우리에게 주어진 시간을 하나님을 기쁘시게 하기 위해서

We need to do everything that we can to live a holy life. We need to redeem the time that has been given to us and live

몸부림을 쳐야 합니다. 그럼 우리 그리스도인들은 어떻게 해야 변화된 삶을 살 수 있습니까?

to please the Lord. So then, how can Christians live a transformed life?

1. 영적 예배를 드려야 합니다.
1. Offer up spiritual worship.

"너희 몸을 하나님이 기뻐하시는 거룩한 산 제사로 드리라 이는 너희가 드릴 영적 예배니라." 바울은 무엇보다도

"Present your bodies as a living sacrifice, holy and acceptable to God, which is your spiritual worship." Above all, Paul

영적 예배를 먼저 가르치고 있습니다. 우리가 잘 아는 대로 예배는 신앙생활의 기본입니다.

teaches that we must offer spiritual worship. As we already know, spiritual worship is a basic tenet to our spiritual walk.

그리고 중심입니다. 그러므로 우리는 예배를 통해서 우리 자신을 하나님의 사람으로 성장해갈 수 있고 새로운 은혜를 받을 수 있습니다.

It is the center of our spiritual walk. We grow in our godliness and receive new blessings through worship.

우리는 예배를 통하여 기도의 응답을 받습니다. 하나님께서는 우리가 예배드릴 때 우리 마음의 소원을 들어주십니다.

Our prayers are answered through worship. God promises to give us the desires of our hearts when we worship Him.

그러므로 하나님과 우리가 만나는 예배보다 중요한 게 없습니다. 믿음 생활에서 가장 중요한 것이 예배입니다.

There is nothing more important than meeting God through worship. This is the most important thing in our spiritual walk.

우리가 이 예배를 통하여 변화 받아 축복의 사람이 될 수 있습니다. 예배를 소중하게 여기시기 바랍니다. 그런데 하나님이 기뻐하시는

We can live a transformed life through worship and be a blessing to others. Please cherish worship. What does spiritual worship

영적 예배는 어떻게 드려야 합니까? 먼저 거룩하게 드려야 합니다. 여기에서 "거룩하다"라는 말은 구별되다, 성별되다 그리고 깨끗하다는 뜻입니다.

that pleases the Lord look like? First, it must be holy. The word, "holy", means to be set apart, consecrated, and pure.

구약에 이스라엘 백성은 제사를 드릴 때 사용한 제물이 깨끗하고 흠 없는 짐승들이었습니다. 성별된, 깨끗한 양이나 비둘기 등이
In the Old Testament, the Israelites used healthy and clean animals for their sacrifices. Specifically, they used clean sheep or doves

제물로 사용되었습니다. 따라서 신약시대에 사는 성도들은 제물을 바치는 대신 깨끗한 마음을 하나님께 드리는 영적인 예배를
for their sacrifices. Subsequently, in the New Testament, believers are to offer up to God a spiritual worship with clean hearts,

드리는 것으로 바뀌었습니다. 그러므로 깨끗하고 정결하며 거룩한 마음으로 하나님께 예배를 드려야 합니다.
rather than sacrifice an animal. Thus, we must worship God with a pure and holy heart. We must repent of our sins.

우리의 죄를 회개하고 십자가의 보혈로 깨끗함을 받아야 합니다. "주여, 나는 죄인입니다. 나를 불쌍히 여기소서." 우리는 겸손히 예수 그리스도의
We must be cleansed by the blood of Jesus. "God, I am a sinner. Please have mercy on me." We must bow down before

십자가 밑에 엎드려야 합니다. 그것이 하나님이 기뻐하시는 영적 예배입니다. 그리고 우리의 몸을 산 제사로 드려야 합니다.

the cross of Jesus Christ in humility. This is what spiritual worship looks like. We must also present our bodies as a living sacrifice.

여기에서 "몸"이란, 단순히 육체만이 아니라 우리의 생활 전체를 가리킵니다. 과거에 유대인들은 짐승을 죽여서

In this passage, "body" does not merely refer to our physical flesh, but refers to our lives as a whole. In the past, the Jews required

제물로 바치는 것을 제사로 생각했는데 그러다 보니 제사를 드리는 자와 바쳐지는

the slaughtering of an animal for sacrifice. For this reason, there was a clear distinction between the sacrificed offering

제물이 분리되었습니다. 다시 말해서 예배와 생활이 분리된 것입니다. 그러다 보니 자연스럽게 형식적인 예배가 되었습니다.

and the person who conducted the sacrifice. In other words, they separated worship and life. As a result, worship became tradition.

하나님께서 이제는 죽은 짐승을 바치는 제물 예배가 아닌 우리의 영과 진리로 예배를 드리라고 명령하십니다. 바울은
But now, God commands us to worship Him in spirit and truth instead of sacrificing an animal. Paul taught that worship was

우리 삶을 전부 바치는 예배를 드리라고 가르칩니다. 예배와 생활이 일치해야 한다는 것입니다. 예배 시간에만
dedicating our entire lives to God. Worship and life ought to exist harmoniously. Instead of giving ourselves to God only

거룩하게 자신을 드리는 것이 아니라 생활 전체가 구별된 하나님의 것이 되어야 합니다. 요즘 그리스도인들에게
during a specific worship time, we ought to consecrate our entire lives for God. These days people often say that Christians

경건미가 없다는 말을 종종 듣습니다. 자기 마음대로 행동한다는 것입니다. 우리가 드리는 예배의 기본은 하나님께 찬양하고 기도하며 말씀 듣고
lack godliness. They live whatever they want. However, the basics of worship are singing hymns to God, praying, hearing

헌금하며 봉사하는 것입니다. 그러므로 우리 예배의 주인은 하

나님이십니다. 우리는 우리의 주인이신 하나님께 예배를 드립니다. 우리는 우리 삶을

the Word of God, tithing, and serving. Therefore, we worship the Lord our God. We must devote our entire lives to God

하나님께 바쳐야 합니다. 예배가 삶이 돼야 하고 삶이 예배가 돼야 합니다. 그런데 바울은 "하나님을 알되 하나님을

as an act of worship. Worship is life, and life is worship. The Apostle Paul rebuked people saying, "For although they knew God,

영화롭게도 아니하며 감사하지도 아니한다"라고 사람들을 책망했습니다. 그러므로 우리는 예배를 드리는 이 한 시간은

they did not honor him as God or give thanks to him." Thus, giving an hour of worship to God - this is a given. But we must

물론이고 예배를 마치고 교회 문밖에 나가는 순간에 또 하나의 새로운 예배가 시작되어야 합니다. 어디에서 무엇을 하든,

continue to worship God continuously from the moment we exit church. Wherever we are and whatever we do, we must

하나님을 예배해야 합니다. 정치를 하든, 공부를 하든, 사업을

하든 그 삶이 예배의 삶이 되어야 합니다.

worship God in our daily lives. Politicians need to worship God. The same is true for people who are studying or conducting business.

하나님과 함께 살아 움직이는 믿음의 생활 그 자체가 하나님께 바쳐지는 예배가 되어야 합니다. 일찍이 하나님께서는 아벨의 제사는 받으시고

At work or home, regardless of location, we need to devote our lives to God. In the Old Testament, God received Abel's sacrifice,

가인의 제사는 받지 않으셨습니다. 왜 그렇습니까? 그 이유는 딱 하나입니다. 하나님께서 기뻐하시는 방법으로 예배를 드리지 않았기 때문입니다.

but He rejected Cain's sacrifice. Why? There was only one reason. Only one was pleasing to the Lord.

가인은 자기 방법으로 예배를 드렸습니다. 그러나 아벨은 하나님의 방법으로 예배를 드렸습니다. 그렇습니다. 예배는 하나님을 최고로 높이는 것입니다.

Cain worshiped God in his own way, but Abel worshiped God as instructed by Him. That's right. Worship is to exalt the Lord.

온 마음으로 하나님을 경배하는 것입니다. 그러므로 내 기분, 내 생각, 내 감정으로 예배를 드리는 것이 아닙니다. 우리는
Worship is to honor God with all your heart. Therefore, worship is not about my personal feelings or thoughts. We must not worship God

우리 편한 대로 예배를 드리면 안 됩니다. 어떻게 하든지 하나님께 기쁨이 되고 하나님께서 원하시는 영적 예배를 드려야 합니다.
out of our convenience and necessity. We must offer up to God a spiritual worship that is pleasing to Him.

우리는 하나님께 영광을 돌리는, 하나님을 향한 섬김과 경배가 있는 영적 예배를 드려야 합니다. 사랑하는 성도 여러분,
We must offer up to God a spiritual worship that also glorifies Him. We must honor Him with our service. Beloved saints,

생활을 변화시키는 영적 예배가 드려질 수 있기를 주님의 이름으로 축원합니다.
I pray in the name of the Lord that you will offer up to God spiritual worship, and that it will transform your life.

2. 이 세대를 본받지 말아야 합니다.
2. Do not be conformed to this world.

"너희는 이 세대를 본받지 말고." 왜 이 세대를 본받지 말라고 했습니까? 이 세상은 하나님을 계속 거부하고 불순종하며 반역하기 때문에 그렇습니다.

"Do not be conformed to this world." Why did Paul say this? It is because the world continuously rejects and disobeys God.

사람들은 자기 유익만 추구합니다. 그리고 자기 욕심을 만족시키기 위해 노력합니다. 그들은 하나님 없이도 이 세상에서

People in this world only seek their own profit. They only seek to satisfy their greed. They make themselves into a god,

살 수 있다고 하면서 자기 자신을 우상화합니다. 그들은 자기중심의 삶을 삽니다. 그래서 이 세상 사람들은 쾌락을 선전합니다.

claiming that they can live without God. They live a self-centered life. Thus, people in this world promote pleasure.

육적인 것을 선전합니다. 세속적인 것들을 자랑합니다. 뿐만 아니라 이 세대는 세상에서 유행하는 것이 무엇이든

They promote the things of the flesh. They boast of secular things. Moreover, this world is all about following whatever is

다 따라 합니다. 그런데 이 세상에 유행이 얼마나 많습니까. 옛말로 이런 말이 있습니다. "10년이면

popular at the time. There are so many popular styles in this world, no? There is a saying that goes like this: "Mountains and rivers

강산이 변한다"는 말입니다. 이 말은 시간이 많이 흘러야 변한다는 뜻입니다. 그런데 현대는 문화가 3년만 되도

change in ten years." It means that time changes everything. Nothing escapes time. But nowadays, it only takes three years

다 바뀐다고 합니다. 유행하는 머리 스타일도 길었다가 금세 짧아집니다. 그리고 사람들이 다양한 색으로 염색을 합니다.

for a culture to change. Long hair is in fashion one day, short hair another day. People dye their hair in all kinds of colors.

심지어 색이 있는 렌즈를 낍니다. 바지통도 넓어졌다, 좁아졌다 합니다. 그리고 넥타이도 넓어졌다,

They even wear colored contact lenses. Straight pants are in fashion one day, skinny another. Wide neckties one day,

좁아졌다 합니다. 이처럼 세상의 유행은 변화무쌍합니다. 특별히 우리나라 사람들은 유행에 민감해서

narrow neckties another. Popular styles constantly change in this world. In particular, Koreans are prone to having the latest

무엇이든지 유행을 따르려고 합니다. 유행하는 것들은 그대로 사고 유행하는 활동을 그대로 따라 하는 것입니다. 그래서 popular styles. They will buy whatever is popular and they want to do whatever activity is popular. This eventually leads

때때로 개성과 중심을 잃어버리는 경우가 많습니다. 성경에서 "그러므로 너희는 이 세대를 본받지 말고 살아라"라고 합니다. 그렇습니다.
to a lack of individual personality and character. Thus, the Bible commands us "not to conform to this world." That's right.

예수를 믿는 우리는 다른 사람에게 보이는 외모보다 하나님께 보이는 중심을 바로 세워가야 합니다. 세상에서는 권력이나 명예나
Christians need to be more concerned for their hearts than their appearances. This world generally defines success as having fame,

돈을 가지고 있으면 출세했다고 합니다. 그러나 사람의 눈에는

그런 것들이 대단하게 보여도 하나님의 눈에는 아무것도 아닙니다. 하나님의 눈에

power, or money. However, while those things may seem impressive, they are not to God. In God's eyes,

가장 귀한 것은 바로 이 세상을 거부하고 하나님을 사랑하고 이웃을 사랑하는 것입니다. 그분은 다른 사람들을 위해

people who reject this world and love Him as well as their neighbors are precious. He cherishes those who serve and

희생하며 섬기며 사는 것을 귀히 보십니다. 그렇습니다. 유행 따라 사는 것도 물론 좋습니다. 그러지만 우리는 꼭 잊지 말아야

sacrifice on behalf of others. That's right. Following the styles of this world can be good. But we must never forget that

하는 것은 바로 예수 믿는 우리가 성도다워야 한다는 것입니다. 배꼽티가 처음 유행했을 당시에 저는 충격을 받았습니다.

we must live as followers of Jesus Christ. When I first saw a person wear a shirt exposing their stomach in public, I was terrified.

그런데 요즘 가만히 보면 배꼽이 살짝 보여도 괜찮다는 생각이 듭니다. 이런 스타일을 시도하시는 중년 여성분들도 계시더라고요.

But after a while, everyone got used to it. However, some middle-aged women tried to follow this trend, and we all know how this goes.

어쨌든, 우리의 중심이 하나님 앞에 바로 서야 합니다. 예수 믿는 우리는 외면보다 내면이 더 중요합니다.
Anyways, we must live a God-centered life. For Christians, our hearts are more important than our appearances.

그냥 이 세상이 흘러가는 대로 따라가다 보면 생명력이 없어집니다. 그래서 성도는 외모에 너무 신경을 쓸 필요가 없습니다.
Conforming to this world will make us lifeless. Thus, Christians do not have to be too concerned about their appearances.

우리는 이 세상 유행에 지나친 신경을 쓰지 말아야 합니다. 성도들은 이 세상의 관습을 좇아가면 안 됩니다.
Let us not give too much attention to current trends in this world. Christians are not to conform to this world.

우리는 세상의 모범이 되어야 합니다. 그래서 사도 요한은 이렇게 말합니다. "육신의 정욕과
We must know and hold true to our standards and principles. The Apostle John said, "For all that is in the world—the

desires of the flesh

안목의 정욕과 이생의 자랑이니 다 아버지께로부터 온 것이 아니요 세상으로부터 온 것이라." 그러므로 바울은 이러한 세상에
and the desires of the eyes and pride of life—is not from the Father but is from the world." Thus, Paul says that we are not

동조하지 말라고 합니다. 하나님이 싫어하는 이 세대의 생활 태도에 연합하지 말라는 것입니다. 우리가 이 세상에 맞추려고
to conform to this world. Paul warns believers from adapting a worldly attitude, which God hates. Christians should not

애쓰지 말라는 것입니다. 다른 사람들을 무조건 따라 살면 안 됩니다. "저 사람은 저렇게 사는데… 저 사람은 저렇게 돈을 버는데…."
try hard to fit in. We should not judge others, "That person lives in such a way… that person earned money this way…."

성도는 세상을 본받는 자들이 아닙니다. 우리는 이 세상에 모범이 되고 좋은 본보기가 돼야 합니다. 기독교인들은
Christians do not need to conform to this world. Rather, Christians need to set an example to this world. Christians

세상 사람들에게 보여줘야 합니다. 예수님께서 "너희는 세상의 빛이요 소금"이라고 말씀하신 것은 이 세상이 아무리 캄캄하고

need to show the world. Thus, Jesus said, "You are the salt and light of the world." No matter how dark this world may be,

어두워도 믿는 우리가 묻혀 사는 것이 아니라 그런 세상을 밝게 할 수 있는 빛으로 살아라, 세상이 부패하고 썩어질 때 소금이 되라는 뜻입니다.

Jesus instructed us to be the light of this world. Although this world is corrupt and is decaying, we are to be the salt of this world.

우리가 방부제와 같은 역할을 해야 합니다. 그래서 야고보는 "세상과 벗이 되고자 하는 자는 스스로 하나님과 원수 되는 것이니라"라고 말했습니다.

We are to act as its preservative. James said, "Therefore whoever wishes to be a friend of the world makes himself an enemy of God."

그러므로 우리는 과연 우리가 이렇게 사는 것이 옳은지를 항상 생각해 보아야 합니다. 다니엘은 바빌론 왕에게만 기도해야

We need to examine our lives and see if we have befriended this world. Daniel was aware that the King of Babylon had

된다는 것을 알고 있었습니다. 그러나 그는 규칙을 따르지 않고 하나님께 기도했습니다. 그래서 그는 사자 굴에
forbidden worship. However, Daniel still prayed to God, instead of conforming to the current laws. As a result, he was

들어갔지만, 하나님께서는 그를 구원해 주셨습니다. 그 당시 다니엘의 세 친구인 사드락, 메삭, 아벳느고도
thrown into a den of lions, but God would save him. At the time, Daniel's three friends Shadrach, Meshach, and Abednego

온 나라가 금상 앞에 절하는 것을 보았습니다. 그러나 그들은 우상에게 경배하는 그 풍습을 따르지 않았습니다.
saw that the entire nation was bowing down before a golden statue. However, they did not conform to society and would not worship the idol.

결국, 그들은 풀무불 속에 던짐을 받았지만, 하나님의 능력으로 구원을 받았습니다. 초대교회 성도들도 세상과 타협하지 않아서
Consequently, they were thrown into a fiery furnace, but God would save them all. The members of the early church were

많은 핍박과 환란과 고통을 당했습니다. 그러나 그들은 믿음의

거인들로 하나님 기쁘시게 하는 삶을 살았습니다.
also persecuted for their refusal to conform to society. They lived a life of faith that pleased the Lord.

그렇습니다. 우리는 하나님의 사랑하는 자녀입니다. 이 세상에 잠시 다녀가는 동안 이 세상을 본받지 말아야 합니다.
That's right. We are also God's beloved children. We are sojourners and exiles, and we must not conform to this world.

죄악 된 이 세상을 향하여 단호하게 책망하며 거부할 수 있어야 합니다. 이 세상의 죄악을 그냥 좋다고 흉내 내지 말아야 합니다.
We need to be able to firmly reject this wicked and sinful world. We ought not to sin by following the trends of this world.

우리는 죄로 물든 이 세상에 물들지 않기 위해서 몸부림쳐야 합니다.
We need to do everything we can so that we can stay away from the wickedness of this world.

사랑하는 성도 여러분, 하나님의 자녀답게 하늘의 삶을 이 세상에 보여주면서 살아가시기를 주님의 이름으로 축원합니다.
Beloved saints, I pray in the name of the Lord that you will show this world that you are the children of God.

3. 변화를 받아 새로워져야 합니다.
3. Be transformed by the renewal of your mind.

"오직 마음을 새롭게 하여 변화를 받아라"라고 했습니다. 여기에서 변화란 무엇을 말합니까? 성경에서 말하는 변화란

"But be transformed by the renewal of your mind." What does transformed mean here? In the Bible, transformation

"거듭남"을 말합니다. 물론, 우리는 새로운 결단을 해야 합니다. 그런데 결단 자체는 '작심삼일'로 끝날 수도 있습니다.

means to be "born again." Obviously, we need to make new resolutions. However, resolutions are often short-lived.

그래서 성경은 "변화를 받으라"라고 합니다. 무슨 말씀입니까? 즉, 우리 마음이 근본적으로 달라져야 한다는 것입니다.

Thus, the Bible commands us to "be transformed." What does that mean? It means that we need to be radically changed.

우리는 부모를 통해 이 땅에 태어납니다. 그런데 다시 영으로 태어나야 합니다. "예수께서 '진실로 진실로 네게

We are born into this world through our parents. However, we need to be born again spiritually. "Jesus answered, 'Truly, truly,

이르노니 사람이 물과 성령으로 나지 아니하면 하나님의 나라에 들어갈 수 없느니라 육으로 난 것은

I say to you, unless one is born of water and the Spirit, he cannot enter the kingdom of God. That which is born of the flesh

육이요 영으로 난 것은 영이니 내가 네게 거듭나야 하겠다 하는 말을 놀랍게 여기지 말아라.'" 이것이 변화입니다. 거듭남입니다.

is flesh, and that which is born of the Spirit is spirit. Do not marvel that I said to you, You must be born again.'" This is transformation.

거듭나는 것은 성령으로 새롭게 되는 것입니다. 그것은 그리스도 안에서만 가능합니다. 우리는 매일 성령의 도우심을 받아야

To be born again means to be born of the Spirit. This is only possible in Christ. We need the help of the Holy Spirit

날마다 새롭게 살아갈 수 있게 됩니다. 성령님이 우리를 변화시켜 주셔야 새롭게 되는 것입니다. 그런데 만일 우리 마음에

so that we can renew our minds every single day. We are renewed when the Holy Spirit transforms us. However, our hearts

자랑하는 마음이 가득하면 새로워질 수 없습니다. 특별히 지금 같이 우리가 힘들고 어려울 때는 더 낮아지고 겸손해서 오직 하나님의 말씀 앞에서

cannot be renewed when we boast in ourselves. Especially in times like this, we need to lower ourselves and come before

순종의 자세를 가져야 합니다. 하나님의 말씀이면 물, 불 가리지 않고 그저 순종해야 합니다. "주여, 말씀만 하옵소서.

the Lord in humility. We need to submit to God and obey His Word. We need to obey God's Word no matter what. "Speak, O Lord,

그대로 살겠습니다." 우리가 그렇게 교회 생활, 신앙 생활을 열심히 하다 보면 먼저 마음의 변화가 일어납니다. 그리고 우리 삶의

and I will obey." Our minds will be renewed when we devote ourselves to God and serve the church. Then, we will

변화를 보게 될 것입니다. 그렇습니다. 예수 믿는 우리는 예수님 만나기 전과 예수님을 만난 후의 삶이 완전히 달라야 합니다.

experience transformation in life. That's right. One's life before and after meeting Jesus Christ must be completely different.

우리의 생각과 말이 달라지고 행동이 달라져야 합니다. 그리고 무엇보다도 삶의 궁극적인 목표가 달라져야 합니다.

One's thoughts, speech, and behaviors must be different. Most importantly, his or her ultimate goal in life must be different.

우리 주위에서 처음 예수를 믿겠다고 나오는 사람들을 볼 수 있습니다. 그들이 한 달, 두 달 지나 좀 변화된 삶을 사는 것처럼

Sometimes we see people around us who say they will start following Jesus. They live a changed life for a month or two,

보이다가 그냥 옛사람으로 되돌아가는 것을 종종 봅니다. 왜 그렇습니까? 마음의 변화가 없어서 그렇습니다.

but eventually end up going back to their old lifestyles. Why do they go back? It is because there was no real transformation.

그들은 겉으로는 그냥 교회 다니는 사람처럼 보입니다. 그렇다면 어떻게 해야 우리 심령이 새로워집니까? 지식이나

They just appeared to be like other believers outwardly. So then, how can our souls be renewed? Does renewal come with knowledge

수양으로 됩니까? 아닙니다. 오직 성령으로 가능합니다. 이것은

외모적 변화가 아니라 마음의 변화입니다.
or meditation? No. It is only possible through the Holy Spirit. It is not a change of appearance, but a change of mind.

우리 마음이 새롭게 되는 것입니다. 마음이 새로워지지 않고 외적으로만 믿는 자처럼 흉내 내면 회칠한 무덤 같아서,
Our minds must be renewed. Outward change without a renewal of one's mind is like a whitewashed tomb.

겉으로 거룩한 척해도 속으로는 추하고 더러우며 악한 것으로 가득합니다. 그래서 사도 바울은 "너희는 유혹의 욕심을 따라
It may appear holy on the outside, but it is filled with evil and wicked things on the inside. So, the Apostle Paul said, "To put off your old self,

썩어져 가는 구습을 따르는 옛사람을 벗어 버리고 오직 너희의 심령이 새롭게 되게" 하라고 했습니다.
which belongs to your former manner of life and is corrupt through deceitful desires, and to be renewed in the spirit of your minds."

그렇습니다. 우리의 심령이 우리 삶의 중앙 관제소입니다. 그래서 솔로몬은 "모든 지킬만한 것 중에 더욱 네 마음을 지키라 생

명의 근원이 이에서

That's right. Our mind is the Control Center of our life. Thus, King Solomon said, "Keep your heart with all vigilance, for from it flow

남이니라"라고 말했습니다. 그렇습니다. 우리가 예수님을 믿고 예수님 안에서 살게 될 때 예수님이 우리 속에 성령을 보내서 새 사람이 되게 하십니다.

the springs of life." That's right. When we believe and live in Jesus, Jesus sends the Holy Spirit to us to make us into new beings.

성령은 우리의 인격과 생활을 변화시킵니다. 그러므로 누구든지 예수 그리스도를 믿는 자는 성령의 도우심과 성령의 능력을 힘입고 살아갈 수 있습니다.

The Holy Spirit changes our character and life. Therefore, all who believe in Jesus are empowered by the Holy Spirit.

그렇게 되면 성령의 도우심으로 하나님의 뜻을 분별하는 생활을 저절로 하게 됩니다. 하나님의 선하시고 기뻐하시고

As a result, we will be able to discern the will of God in life through the help of the Holy Spirit. If we can discern what is

온전하신 뜻이 무엇인지 분별하여 살아간다면 우리의 신앙생활에는 아무 문제가 없을 것입니다.
the will of God, what is good, acceptable, and perfect, then we will never have any problems in our spiritual walk.

신앙생활의 승패는 바로 성도가 어떤 분별력을 가지고 있느냐에 달려 있습니다. 그러므로 우리는 성경을 열심히
The victory or defeat of our spiritual walk depends on our ability to discern the will of God. Thus, we need to diligently

읽어야 합니다. 설교 말씀을 경청해야 합니다. 우리는 열심히 찬송하고 열심히 기도해야 합니다.
read the Word of God. We need to attentively hear the preaching of the Word. We need to sing hymns and pray diligently.

말씀 앞에 순종해야 합니다. 이런 신앙생활을 계속 열심히 하다 보면 자연스럽게 성령의 능력으로 우리가 달라집니다.
We need to obey the Word of God. When we practice these things, the power of the Holy Spirit will bring transformation in our lives.

우리의 마음과 생활이 달라지면 영안이 열립니다. 그래서 어떤

문제를 만나도 영적인 힘이 있기 때문에 하나님의 뜻을

This will naturally help us to discern. Since we are empowered by the Holy Spirit, we will be able to discern the will of God

분별할 수 있습니다. 이런 생활을 계속 열심히 하다 보면 자연스럽게 하나님의 자녀답게 살아가게 됩니다. 그렇습니다.

in any circumstance. This pattern of life will lead us to live like children of God before we know it. That's right.

우리는 이 땅에 살지만, 하늘나라 시민입니다. 하나님의 사랑하는 자녀요, 거룩한 백성입니다.

Although we live on this earth, we are citizens of heaven. We are God's beloved children. We are the holy people of God.

현대 신학이 변질하고 자유주의가 판을 치고 인본주의가 교회를 뒤흔들고 있습니다.

The deterioration of modern theology, the expansion of liberalism, and the influence of humanism may shake the current church.

그런데 세상이 타락했다고 그렇게 살면 안 됩니다. 다른 사람들의 삶이나 행실이 우리 신앙의 기준이 되면 안 됩니다.

However, the corruption of this world does not give us the

right to also be corrupt. Other people's lives ought not to be the standard of our faith.

오직 살아계신 하나님의 말씀이 우리 신앙과 생활의 기준이 되어야 합니다. 우리 삶의 목표는
Our only standard of faith and life should be from the Word of the Living God. The goal of our life

하나님의 선하시고 기뻐하시고 온전하신 뜻입니다. 하나님이 보시기에 합당한, 영적으로 변화된 삶을 살아야 합니다.
is to live according to the will of God, which is good, acceptable, and perfect. We need to live a transformed life that is pleasing to God.

예수님은 이 세상에서 사셨지만, 이 세상을 본받지 않으셨습니다. 예수님은 전 생애를 통하여 오직 하나님의
Although Jesus lived in this world, he did not conform to this world. Jesus obeyed God

기뻐하시는 뜻에만 순종하셨습니다. 그리고 주님을 따르는 우리를 향하여 너희도 그렇게 살라고 말씀하셨습니다.
and lived his entire life to please Him. Our Lord commands his followers to do the same.

사랑하는 성도 여러분! 마음과 생활이 일치하는 영적 예배를 드리세요. 이 세대를 본받지 말고

Beloved saints! Offer up to God a spiritual clean worship. May your heart and life form harmony. I pray in the name

변화를 받아 새사람이 되어 하나님을 기쁘시게 할 수 있기를 주님의 이름으로 축원합니다.

of the Lord that you will not conform to this world, but be truly transformed so that you can live a life that is pleasing to Him.

새 술은 새 부대에
New Wine into New Wineskins

마가복음 2장 18~22절

"요한의 제자들과 바리새인들이 금식하고 있는지라 사람들이 예수께 와서 말하되 요한의 제자들과 바리새인의 제자들은 금식하는데 어찌하여 당신의 제자들은 금식하지 아니하나이까 예수께서 그들에게 이르시되 혼인 집 손님들이 신랑과 함께 있을 때에 금식할 수 있느냐 신랑과 함께 있을 동안에는 금식할 수 없느니라 그러나 신랑을 빼앗길 날이 이르리니 그 날에는 금식할 것이니라 생베 조각을 낡은 옷에 붙이는 자가 없나니 만일 그렇게 하면 기운 새 것이 낡은 그것을 당기어 해어짐이 더하게 되느니라 새 포도주를 낡은 가죽 부대에 넣는 자가 없나니 만일 그렇게 하면 새 포도주가 부대를 터뜨려 포도주와 부대를 버리게 되리라 오직 새 포도주는 새 부대에 넣느니라 하시니라."

Mark 2:18~22

Now John's disciples and the Pharisees were fasting. Some people came and asked Jesus, "How is it that John's disciples and the disciples of the Pharisees are fasting, but yours are not?" Jesus answered, "How can the guests of the bridegroom fast while he is with them? They cannot, so long as they have him with them. But the time will come when the bridegroom will be taken from them, and on that day they will fast. "No one sews a patch of unshrunk cloth on an old garment. If he does, the new piece will pull away from the old, making the tear worse. And no one pours new wine into old wineskins. If he does, the wine will burst the skins, and both the wine and the wineskins will be ruined. No, he pours new wine into new wineskins."

●

사람이 세상을 살아가는 데는 몇 가지 유형이 있습니다. 첫째는 주어진 환경에 따라서 사는 사람이 있습니다. 남자로 태어났으니 남자로 사는 것입니다.

There are several types of people in this world. First, there are people who are compliant. They live as men because they were born as men.

여자로 태어났으니 여자의 옷을 입고 여자로 살아갑니다. 남자니까 장가가고 여자니까 시집을 갑니다.

They dress up like women because they were born as women. Men become husbands and women become wives.

그리고 여자들은 아이를 낳고 엄마가 되는 것입니다. 그들은 집이 필요해서 집을 사서 삽니다.

Women give birth to their children and become moms. They buy a house because they need a house.

이런 사람들에게 왜 살아야 하느냐 물어볼 필요가 없습니다. 주어진 환경에 따라 살아갈 뿐입니다. 두 번째는 목적을 가지고 살아가는 유형입니다.

This type of person simply accepts a situation, rather than trying to alter it. Secondly, there are people who live with a purpose.

그들은 어떤 사람이 되고자 하는 목적을 압니다. 그것을 이루기 위하여 열심히 공부하고 일합니다. 그들은 자신의 모든 은사를 동원해서

They know exactly what they want to accomplish. They study and work hard to achieve their goals. They do everything

목표를 향해 최선을 다합니다. 때로는 그 목표 때문에 자신이 고통을 당하기도 합니다. 때로는 그들의 가족이 희생을 당합니다.

they can to reach their goals. Sometimes, they get hurt trying to reach their goals. Sometimes, they even sacrifice their families.

하지만 목적이 이루어졌을 때 성취감을 느낍니다. 그들은 기쁨을 느끼지만, 한편으로는 공허하기도 합니다. 그들이 실패를 했을 때에는

At last, they feel accomplished when they reach their goals.

They feel joy, but also emptiness. They get disappointed

고통과 아픔도 있습니다. 세 번째는 자기 존재의 의미를 깨달으며 타인을 위해 살아가는 유형입니다.

when they fail to reach their goals. Thirdly, there are people who choose to live for others because they understand the meaning of life.

그들은 그들의 사명과 보람을 잘 압니다. 그리고 그들은 언제나 만족하며 행복합니다.

They know their mission and calling. Meanwhile, they themselves are always satisfied and happy.

그들은 만나는 사람들은 그들이 얼마나 복되고 행복한지 알 수 있습니다. 그들이 얼마나 보람되고 가치 있는 삶을 사는지 느낄 수 있습니다.

People who meet this type of person can see how happy and blessed he or she is. They can feel that this person is living a meaningful life.

그런데 그들은 동시에 자신이 누구인지 자기 정체성과 가치관 때문에 고민합니다. '그리스도인인 내가 어떻게 살아야 하나님을 기쁘시게 할까?

But at the same time, they always examine their identity and values. 'How can I please the Lord as a Christian?

내가 어떻게 살아야 옆에 있는 타인을 기쁘게 하는 보람된 가치 있는 삶을 살 수 있을까?' 이에 대한 깨달음이 없다면 그들은 불행을 느낍니다.

How can I be a blessing to those around me?' Those who do not understand this cannot enjoy happiness.

그들은 오직 이것을 깨닫고 감격해야 진정한 행복을 느낍니다. 그래서 소크라테스는 "점검되지 않는 인생을 사는 사람만큼

Only those who are deeply moved by this truth can enjoy happiness. For this reason, Socrates said, "There is no one more foolish than a person

어리석은 사람은 없다"라고 말했습니다. 유능한 선장은 배의 항해 속도가 아닌 항해 방향을 살핍니다.

who never examines himself." A good captain cares more about the direction the ship is heading towards than how fast it is traveling.

그렇습니다. 우리가 무엇인가를 위해서 땀 흘려 수고하고 희생하지 않으면 절대로 기쁨과 즐거움이 없습니다.

That's right. We will not be able to enjoy happiness if we do not labor and toil for something.

행함이 없으면 기쁨이 없습니다. 예를 들면, 교회를 위하여 수고하고 시간과 노력, 봉사와 정성을 투자한 사람만이
Where there is no action, there is no joy. For example, only those who invest their time and energy to serve the church

이 교회를 드나들면서 진정한 행복을 누립니다. 그래서 제가 "바빠서 이것도 저것도 봉사하시기 어려운 분들은 헌금을 하십시오"라고 하는데
can truly enjoy happiness when they come to church. Some say, "Give money if you do not have time to serve."

이는 재정이 부족해서가 아닙니다. 교회 헌신을 통해 인생의 가치와 행복을 느끼실 수 있기 때문입니다.
But money is not the issue here. Serving is a means for you to enjoy happiness and find meaning to life.

행복과 축복, 은혜는 주어지는 것입니다. 기쁨과 즐거움은 더불어 얻어지는 것입니다. 그래서 우리는 받은 은혜와 행복을 나누어야 합니다.
Happiness and blessings are given to us. Joy is granted to us.

Thus, we must share these things with others.

우리가 수고하여 그 사람이 기뻐하고 행복하게 될 때 나도 기쁘고 행복해지는 것입니다. 다른 사람을 행복하게 하지 않고는 우리가 행복할 수 없습니다.
Our joy comes from making others happy through our labor. We cannot enjoy happiness if we do not make others happy.

우리가 다른 사람을 기쁘게 하지 않고는 우리가 기쁠 수가 없습니다. 그런데 사람들은 "저 여자 얼굴은 예쁜데 살을 좀 빼면 좋겠어.
We cannot rejoice if we do not help others rejoice. People say, "That woman is pretty, but I wish she lost some weight.

저 형제는 멋있는데 성격이 아쉽네. 저 사람은 괜찮은데 배가 나왔어. 저 사람은 키가 작네"라고 말하지 않나요? 그래서요?
That man is handsome, but he has a wild personality. That person is okay, but he is a bit chubby. He is short." So what?

우리는 많이 다릅니까? 어떤 노총각이 결혼 상대를 위해 기도했습니다. 신붓감이 공부, 인격, 가정, 외모도 다 좋습니다.
Are we any different? A single man was praying for a wife. "She is smart. She has a good character. She is pretty.

가족도 너무 좋고 믿음도 좋습니다. 그런데 키가 좀 작아요." 하나님의 응답이 왔습니다. "나도 그런 완벽한 사람 못 찾겠다."
She has a wonderful family. She has a strong faith. But she is a bit short." God answered him, "I have yet to find the woman of your dreams."

'어찌 됐든 나만 행복하면 된다, 나만 좋으면 된다.' 이런 생각은 사실 사람을 불행하게 만듭니다.
'As long as I am happy. I am all that matters.' This kind of thinking makes a person miserable.

요즘 시대 남자는 약해지고 여자는 강해지고 있습니다. 드라마를 보아도 여자가 남자한테 맞는 시대는 지났다는 것을 알 수 있습니다.
These days, men are growing weaker and women are growing stronger. We can even see this in TV shows nowadays.

이제는 남자를 때리는 여자들도 있습니다. "나만 아는 사람"은 우리를 행복하게 할 수 없습니다. 그러므로 우리는 마음이 변해야 합니다.
Women beat up men. "A person who only knows me" cannot make you happy. Thus, our minds must be renewed.

우리 삶의 모습이 바뀌어야 합니다. 우리 마음의 변화를 위해서는 우리 인생의 주인이 바로 십자가에서 죽으시고 부활하신 예수 그리스도이심을

Our lives must change. We must know Jesus Christ, the One who died for us and resurrected. We must know Him as our Lord

바로 알아야 합니다. 만일 우리가 지금까지 낙심과 절망 가운데 한숨으로 살아왔다면 우리는 그 낙심과 절망을 꺼내어

in order for us to experience transformation. If we have been living in despair all this time, we need to crucify that

십자가에 못 박아야 합니다. 우리는 그것들을 예수님의 십자가 앞에 내려놓아야 합니다. 만일 원망과 불평이 우리 인생을 지배했다면

which makes us feel hopeless. We need to lay them down before the cross of Jesus Christ. If grumbling and complaining once ruled our hearts,

그것도 십자가에 못 박아야 합니다. 게으름과 나태, 미움과 증오도 모두 십자가에 못 박아야 합니다.

we need to nail them to the cross. Laziness, indolence, and hatred must all be put to death at the cross.

우리 주 하나님보다 더 사랑하고 더 귀하게 여긴 것이 있다면 그것도 모두 꺼내어서 십자가에 못을 박아야 합니다.
All these worldly things that we once considered to be more precious than the Lord our God must be put to death.

그래야 우리가 변할 수 있습니다. 일찍이 바울은 "내가 그리스도와 함께 십자가에 못 박혔나니"라고 고백했습니다. 우리가 십자가에 못 박히는 순간
Only then, we will experience transformation. Paul said, "I have been crucified with Christ." We are made new the moment

우리의 새로운 자아가 탄생합니다. 달걀이 깨지면 병아리가 나옵니다. 누에가 고치를 벗으면 나비가 됩니다. 나의 옛날 자아가
we crucify ourselves. The egg must crack for the chick to come out. A butterfly comes out of a cocoon. Our old selves

깨지면 새로운 피조물이 되는 것입니다. "그런즉 누구든지 그리스도 안에 있으면 새로운 피조물이라 이전 것은 지나갔으니
must break in order for us to be a new creation. "Therefore, if anyone is in Christ, he is a new creation. The old has passed away;

보라 새 것이 되었도다." 옛날 유대나라 땅에는 포도주를 많이 담가 두었다가 잔치 때에 손님에게 대접을 했습니다.
behold, the new has come." The Ancient Israelites prepared lots of wine in order to serve their guests.

그런데 그 당시에는 오늘날과 같이 포도주를 병에 담지 않고 가죽 부대에 담아 보관을 했습니다. 그런데 가죽 부대는 오래되면 신축성이 없습니다.
However, they did not keep the wine in bottles as we do now. They stored wine in the wineskins. Wineskins lack elasticity.

그래서 발효성이 강한 새 포도주를 그 안에 넣으면 터져 버립니다. 그 이유로 새 포도주는 새 부대를 사용해야 했습니다.
For this reason, when new and fermented wine was put into old wineskins, it would burst. This is the reason new wine was put into new wineskins.

그래서 예수님께서도 "오직 새 포도주는 새 부대에 넣으라" 하고 말씀하신 것입니다. 다시 말해서, 이 말씀을 비유로
This is why Jesus said in today's passage, "But new wine is for fresh wineskins." In other words, this passage is saying

새로운 복음인 포도주는 언제나 새로운 그릇에 담아줘야 한다는

것입니다. 그렇습니다. 복음은 반드시 변화와 새로움이 따라야 합니다.

that the gospel is always to be put into a new vessel. That's right. The gospel must be followed by transformation.

우리의 마음도 가정도 복음을 담는 그릇과 같습니다. 우리는 날마다 새로워져야 합니다.

Our hearts and families are the vessels that contain that gospel. Consequently, we must be renewed every day.

교회 또한 날마다 새로워져야 합니다. 그래야 새로운 복음을 담을 수 있고 은혜와 축복을 받을 수 있습니다.

The church must be renewed daily also. This will enable us to receive the gospel afresh. This will enable us to receive blessings.

그것이 하나님의 요구입니다. 일찍이 시편 기자는 "모든 것을 새롭게 하시는 하나님"을 찬양했습니다. 주님께서도 "내가 너희에게 새 계명을

This is what God requires of us. A psalmist wrote, "Our God renews all things." Our Lord Jesus said, "A new commandment

주노니 거듭나야 한다"라고 말씀하셨습니다. 새로워지는 것은 축복입니다. 변화와 개혁은 하나님께서

I give to you. You must be born again." Being made new is a blessing. Transformation and reformation

원하시는 것입니다. 그러므로 우리는 새로워져야 합니다. 변화돼야 합니다. 우리는 하나님의 진리에 순종하며 연단을

are the will of God. Therefore, we must be renewed. We must be transformed. We need to be refined and perfected

받으며 온전해져야 합니다. 이것이 그리스도인의 완전성입니다. 초대교회가 현대교회와 다른 것이 있다면 그들에게는 열심이 있었습니다.

by obeying the truth of God. This is what makes a Christian whole. The difference between the early church and the modern church is zeal.

그래서 사람들은 그들이 "새 술에 취한 사람들"이라고 생각했습니다. 우리가 믿는 하나님은 구약에서도

The early church was so zealous that people thought "they were filled with new wine." The God whom we believe is

그리고 신약에서도 열심의 하나님이십니다. 그러므로 우리도 새

로워져야 하며 열심히 살아야 합니다.

described to be zealous both in the Old and New Testament. Therefore, we must be renewed and be zealous.

무엇보다도 우리는 하나님을 믿는 믿음 생활을 새롭게 열심히 해야 합니다. 하나님을 믿는 믿음의 열심이 사람을 변화시킵니다.

Most importantly, we must renew our hearts and walk by faith. Zealous faith brings transformation.

우리가 열심히 믿음 안에서 걸으며 최선을 다해서 일할 때 이 세상에 구애받지 않습니다. 최선의 삶을 살기 때문에 인생이

We are not bound by this world when we work diligently and walk in faith. Transformation comes naturally

저절로 변합니다. 만약에 우리가 오늘 변화된 새로운 삶을 산다면 내일은 반드시 하나님의 축복을 누릴 것입니다.

for those who do their best in life. If we live a transformed life today, we will certainly enjoy God's blessings tomorrow.

생물학자들의 말을 빌리면 인간의 모든 세포와 조직은 7년마다 새롭게 바뀐다고 합니다. 이게 무슨 뜻입니까?

According to biologists, every cell and tissue in the human body is renewed every 7 years. What does this mean?

인간의 육체도 새로워지지 않으면 안 된다는 것입니다. 어린이들은 성장하면서 새로운 것에 관심을 둡니다. 세상의 모든 인간은
Even our flesh needs to be renewed. Children always find interest in new things as they grow up. Everyone in this world

낡고 반복되는 일상으로부터 쉽게 권태를 느낍니다. 사람들은 언제나 새로운 것을 찾습니다.
grows tired of old things and old routines. People are always looking for something new.

이것을 학자들은 그리스도인의 인간관이라고 부릅니다. 그럼 우리가 어떻게 변화해서 새로운 삶을 살 수 있습니까?
Scholars call this Christian Anthropology. So then, how can we be transformed and live a new life?

1. 마음이 가난한 사람이 돼야 합니다.
1. We must be poor in spirit.

예수님이 가르치신 산상보훈인 '팔복'에 이렇게 기록되어 있습니다. "심령이 가난한 자는 복이 있나니
Jesus gave us the 'Eight Beatitudes' at the Sermon on the Mount. The first reads, "Blessed are the poor in spirit, for

천국이 그들의 것임이요." 다시 말해서, 마음을 가난하게 비운 사람이 새로운 존재로 천국 시민이 될 수 있다는 말입니다.

theirs is the kingdom of heaven." In other words, only those who are poor in spirit can become a citizen of heaven.

우리 한국 사람처럼 유대인들도 축복을 추구하는 민족입니다. 모세의 율법은 "복과 화"의 중심으로 엮어져 있습니다. 이는 그들의

Like Koreans, Jews also eagerly sought blessings. The Law of Moses centered around "Blessings and Curses." This was the standard of their

종교적, 사회적 생활의 기준이 되었습니다. 즉, 율법을 지키면 복을 받고 지키지 아니하면 화를 받는다는

religious and social life. Simply put, they believed that they would be blessed if they obeyed the law. They believed they would be cursed

것입니다. 그래서 주님은 첫 번째로 '마음'의 문제를 강조하십니다. 가난한 마음은 어떤 마음입니까?

if they disobeyed the law. For this reason, Jesus emphasizes the issue with the 'spirit.' What does it mean to be poor in spirit?

하나님을 먼저 생각하는 마음입니다. 하나님 중심의 생활을 원하는 마음입니다. 다시 말해서, 마음이 가난해서 하나님만이
It means to prioritize God. To be poor in spirit means to live a God-centered life. In other words, God is the only hope

유일한 소망이라고 고백합니다. 마음이 가난한 사람들은 자신의 연약함을 깨닫습니다. 그래서 아침에 일어나자마자 하나님을
for those who are poor in spirit. Those who are poor in spirit recognize their shortcomings. Thus, the first thing they do in the morning

가장 먼저 찾습니다. 언제 어디서나 하나님을 앞세우고, 하나님의 영광을 앞세웁니다. 그들은 아무리 하고 싶어도
is to seek Him. Wherever they are, they seek to exalt and glorify God at all times. They never do anything

하나님 영광을 가리는 일은 하지 않습니다. 그리고 아무리 하기 싫은 일이라도 하나님의 영광을 위해서라면
that diminishes the glory of God. No matter how much they might not want to do something, they are always willing

행합니다. 조금 더 원문에 가깝게 해석하자면 마치 거지가 며칠 굶었을 때, 음식을 구걸하는 모습과 같습니다.

to do it if it is for the glory of God. In the original language, it is referring to a starving beggar who is begging for food.

혹시 굶어 보셨나요? 거지는 정말 먹을 것이 없어서 구걸하는 겁니다. 굶은 거지가 먹을 것을 구하기 위해 구걸하는 그 절박함이
Have you ever starved before? He is begging for food because there is literally nothing to eat. To be poor in spirit means

바로 가난한 마음입니다. 그래서 사실 우리말 "가난하다"라는 말은 아쉬움이 있는 약한 표현입니다. 하나님을 갈망하는 마음이
to be desperate like a starving beggar. Thus, the word, "poor" does not capture the whole idea. To be poor in spirit means

아주 간절한 것을 의미합니다. 마음이 가난한 사람들은 하나님의 임재 안에 거하기 위해 몸부림칩니다. 또 다른 예를 들면,
to be desperate for God. Those who are poor in spirit will do anything they can to be in His presence. Another example

자녀를 잃어버린 부모의 절박함이 가난한 마음입니다. 잃어버린 아이를 찾기 위해 그 부모가 정신없이 미친 듯이
is the desperate heart of a parent who has lost his/her child. Those who are poor in spirit seek the Lord like a parent searches

찾아 헤매는 그 모습, 그 절박함으로 주님을 찾는 사람들, 예수님은 "그런 사람들은 참 복되다"라고 하셨습니다. 그러므로 우리는 절박함을 가지고

for his/her lost child. Jesus said that those who seek the Lord with such eagerness are "blessed." Therefore, we must serve the Lord

주님을 섬겨야 합니다. 절박함 가운데 예배하고 기도해야 합니다. "하나님, 내 모든 영혼이 주님으로 채워지게 해 주십시오. 성령으로 기름 부어 주옵소서."

with urgency. We need to worship God and pray to Him with eagerness. "God, fill my soul with you. Fill me with the Holy Spirit."

그렇습니다. 마음을 비우고 하나님의 무한한 능력을 받아들이는 사람들은 믿음으로 변화됩니다.

That's right. Those who empty their hearts to be empowered by the infinite power of God are transformed through faith.

그들은 성령의 사람들이 됩니다. 영적으로 변화가 일어납니다.

They become men and women of the Spirit. They experience a spiritual transformation.

"겉 사람은 부패하나 우리의 속은 날로 새롭도다." 우리의 마음이 새로워지지 아니하면 고물처럼 쓸모없어집니다.

"Though our outer self is wasting away, our inner self is being renewed day by day." Our hearts become useless unless they are renewed.

만일 우리가 부정적인 마음, 완고한 마음, 교만한 마음, 경직된 마음, 새 것을 거부하는 마음을 버리지 않으면 고물 인간이 되는 것입니다.

We will become useless unless we get rid of negative, stubborn, arrogant, and unyielding hearts.

그러므로 우리는 심령이 가난해지고 새로워져야 합니다. 마음이 가난해지면 우리는 복을 받을 것입니다. 그러므로 우리 마음을 비워야 합니다.

We need to be poor in spirit. We need to be renewed. We will be blessed if we are poor in spirit. Thus, we need to empty our hearts.

성령의 기름 부음이 있으므로 우리 잔이 넘치게 됩니다. 내가 변하기 전에는, 내가 달라지기 전에는 진정한 기쁨을 느낄 수 없습니다.

Our cup will overflow when we are anointed by the Holy

Spirit. Unless I change first, I will not be able to rejoice.

우리가 변하지 않으면 가정의 평화가 오지 않습니다. 마음이 가난해지지 않으면 사업의 성공도, 교회의 부흥도 있을 수 없습니다.
Unless we change, our families will not experience peace. Our businesses will not thrive and the church will not grow unless we are poor in spirit.

2. 마음이 선한 사람이 돼야 합니다.
2. We must have a good heart.

선한 사람이 어떤 사람입니까? 주님의 뜻을 이루는 사람입니다. 그 주님의 뜻은 "주는 것이 받는 것보다 복이 있다"라는 것입니다.
Who is a good person? A person who does the will of God. This is the will of God: "It is more blessed to give than to receive."

그러므로 베풀 수 있는 사람, 줄 수 있는 사람은 선한 사람입니다. 미국에 살다 보면 좋은 일에 기부를 크게 하는
Thus, a person who is able and willing to give is a good person. In the U.S., many people donate large amounts of money

분들이 많이 있습니다. 유명한 강철 왕인 앤드루 카네기는 몹시 가난한 집에서 태어났습니다. 그는 좋은 교육을 받을 수

for a good cause. Andrew Carnegie, a steel tycoon, was born to a poor family. He did not have the chance to receive

없었습니다. 그렇지만 그는 강철을 만드는 기술을 배워서 미국 경제에 커다란 영향을 끼친 부자, 거부가 됐습니다.

a good education. Nevertheless, he learned how to make steel and became a wealthy man who had a huge impact on the U.S. economy.

그런데 그는 성공한 후에 자기 혼자만의 부를 누린 것이 아니라 미국 전역에 1,200개의 도서관을 세우고

Carnegie did not enjoy wealth by himself, but built 1,200 libraries across the United States

그 유명한 카네기 홀을 지어서 미국 사람들에게 바쳤습니다. 그리고 카네기 재단을 만들어서 지금까지 자선 사업을 하고 있습니다.

and gave the Carnegie Hall to the public as a gift. He, then, created the Carnegie Foundation to help society as a whole.

그렇습니다. 남을 생각하고, 선한 일을 생각하는 사람은 자신도

상상할 수 없는 새로운 능력을 발휘하게 되는 것입니다.

That's right. Those who think of others and do good for others are empowered to do unimaginable things.

자신도 생각할 수 없었던 무서운 힘, 무한한 가능성을 만들어 내는 것입니다. 우리 교회의 비전 중 하나는

A power that surpasses their understanding opens up infinite possibilities. One of the visions of our church

어려운 이민 생활을 하는 성도들의 고통을 함께 나누는 봉사를 강조하는 것입니다. 선한 일에 힘쓰는 성도, 선한 일에 힘쓰는 교회에

is to serve the immigrant members of the church who are facing hardships. Amazing miracles and wonders are manifested

놀라운 기적과 능력이 나타납니다. 선한 일을 위해서 우리가 힘을 모을 때 하나님께서는 무한한 가능성과 능력을 우리에게 주십니다.

through a church that strives to do good works. God will empower us with infinite power when we work together to do good.

유명한 알베르트 아인슈타인은 프린스턴 대학에서 상대성 원리를 발견해서 인류에 큰 공헌을 한
Albert Einstein was a Jew who discovered the principle of relativity at Princeton University. He made a great contribution to mankind

유대인이었습니다. 그의 자서전에는 "어떻게 해서든지 선을 추구하고 우리의 아름다움과 진실함을 모든 사람에게 나타내는 것,
through this discovery. In his autobiography, he writes: "Our philosophy of life is to seek to do good; show our beauty

그것이 우리 인생의 철학이다"라고 기록되어있습니다. 아인슈타인은 남을 돕고자 하는 선한 마음을 가진 사람이었습니다. 그래서 초인적인
and genuineness to all people." Einstein had a good heart and sought to help others. This led him to display

능력을 발휘했습니다. 그렇습니다. 자신만 생각하는 이기적인 사람은 완고하고 강퍅하기 때문에 그 어떤 힘도 가능성도 없습니다.
supernatural power. That's right. A selfish person cannot do anything because his heart is stubborn and unbending.

그러나 어떻게 해서든지 남을 돕고자 하는 선한 사람은 하나님이 도우시고 축복하십니다. 남을 돕고자 하는 사람은 하나님께서 무한한 능력과 힘을 주십니다.

However, God helps and blesses those who seek to help others. God empowers those who desire to help others.

조류학자들에 따르면 "V"자 형으로 나는 기러기는 혼자 나는 것보다 함께 떼를 지어 날 때 71% 더 오래 날 수 있다고 합니다.

According to ornithologists, a goose can fly 71% longer in groups than on its own.

기러기는 "V"자 형으로 나는데 그것은 공기대가 형성되어 뒤따르는 기러기들이 날기 쉽다고 합니다. 기러기는 날면서 계속 운다고 합니다.

Geese fly in a "V" shape. This forms an air gap making it easier for the geese that follow behind to fly. The geese cry out while they fly.

그것은 힘들다는 비명이 아니라 서로를 향해 힘내라는 격려의 소리라고 합니다. 그렇습니다.

This sound does not indicate they are struggling, but it is to encourage each other. That's right.

선한 마음으로 살고 선한 사람으로 변화되어야 더 큰 일을 할 수 있습니다. 선한 사람이 돼야 하나님이 힘과 능력을 주시는 것입니다. 선한 사람이 돼야

We will do greater things when we live with a good heart. We need to be good in order to be empowered by God. Heavenly blessings

천국의 축복이 있습니다. 그래서 성경은 "선을 행하되 낙심하지 말지니 때가 되면 거두리라"라고 기록되어 있습니다.

are reserved for those who are good. Thus, the Bible says, "Let us now grow weary of doing good, for in due season we will reap."

3. 마음을 희생하는 사람이 돼야 합니다.
3. We must have a sacrificial heart.

사도 바울은 디모데에게 훌륭한 사람이 되기 위해서는 박력, 모험심, 꿈이 있어야 한다고 했습니다. 그런데 이 박력, 모험심, 꿈은 모두

The Apostle Paul instructed Timothy that a great person must have vitality, venture, and vision. Vitality, venture, and vision all presuppose

희생을 전제로 하고 있습니다. 누구나 희생할 때 새로워 질 수 있습니다. 불타는 소원을 이루기 원하는 사람은 희생해야 합니다.

a sacrificial heart. Those who sacrifice themselves are renewed. Those who seek to accomplish something must sacrifice themselves.

꿈을 가지고 희생하며 노력하는 사람은 위대한 일을 합니다. 헬렌 켈러는 삼중고를 겪었습니다.

Those who work hard with a sacrificial heart to achieve a goal do great things. Hellen Keller was blind, deaf, and mute.

인간적으로 보면 아무 쓸모없는 존재로 보였습니다. 하지만 그녀가 하나님이 주신 은사를 개발하고 꿈을 가지며 피눈물 나는 희생과 노력을 해서

From a human point of view, she seemed useless. However, she worked hard and lived a great life

성공적인 위대한 삶을 살았습니다. 그렇습니다. 믿음으로 희생할 줄 아는 사람은 무엇이든지 할 수 있습니다.

when she found her God-given calling. That's right. Those who have faith and know how to sacrifice can do anything in life.

이루어질 수 없는 꿈같은 일도 대가를 지불하고 희생하면 놀라운 일이 일어나는 것입니다. "'할 수 있거든'이 무슨 말이냐 믿는 자에게는

Dreams can come true when we pay the price and sacrifice ourselves. "If you can! All things are possible

능히 하지 못할 일이 없느니라." 그렇습니다. 우리는 모두 받은 은혜가 많은 사람입니다. 그러므로 하나님의 교회를 위해 희생하세요.

for one who believes." That's right. We have all been blessed. Thus, let us sacrifice ourselves for the church of God.

성공을 위해서 희생하세요. 가정을 위해서 희생하세요. 자녀를 위해서 희생하세요. 그래야 놀라운 일이 일어납니다. 예수님을 믿는다는 것에

Sacrifice yourselves for success, family, and children. Then, you will experience amazing things. Believing in Jesus

긴 설명은 필요 없습니다. 그것은 희생하는 것을 말합니다. 좀 더 신학적으로 말하면 우리는 예수님이 계신 그 현장을 찾아가야 합니다.

does not require long explanations. It means to sacrifice yourself. Speaking theologically, we need to go to where Jesus resides.

예수님은 어디에 계십니까? 예수님이 이 땅에 계실 때 복음을 전하며 병자를 고치시며 가난한 자를 도와주시면서 수많은 사람을
Where is Jesus? While Jesus was on earth, he preached the gospel, healed the sick, helped the poor, and comforted

위로하고 격려하시면서 사랑으로 섬기시며 하루하루를 사셨습니다. 새벽이면 한적한 곳에서 기도하셨습니다. 유월절 명절에,
those who were hurting. He lived each day serving others in love. At dawn, he prayed in a quiet place. When it was Passover,

많은 사람이 예루살렘에 모여들었습니다. 볼 것도 많고 구경할 것도 많았습니다. 이때 예수님은 깊은 생각을 하셨습니다.
many people gathered together in Jerusalem. There were a lot of sights to see. Jesus fell into deep thought.

'이 많은 사람 중에 가장 외롭고 고독한 사람이 누굴까?' 생각 끝에 찾은 곳이 베데스다 연못입니다. 그리고 그곳에서
'Who is the loneliest person out of these?' At last, Jesus decided to visit the pool of Bethesda. There, he encountered a man

38년 된 병자를 만납니다. 가족도 친척도 친구도 없었습니다. 아무런 소망도 없었습니다. 전설에 따라 연못물이 동할 때
who was sick for 38 years. He had no family or friends. He had no hope. He was a poor man who believed in the myth

제일 먼저 그 안에 들어가면 자기 병이 고침 받을 수 있다는 그 생각 하나로 38년을 살아온 불쌍한 사람입니다.
that the first person who entered the pool when the water was stirred up would be healed. This had kept him alive for 38 years.

그 사람을 예수님께서 만나주신 것입니다. 그것이 예수님의 모습입니다. 예수님은 가장 외로운 자와 함께 하셨습니다. 사랑을 가장
Jesus had come to this man. This is who Jesus is. Jesus sought to be with the loneliest person. He sought to be with

필요로 하는 자와 함께 하셨습니다. 죄인들과 함께하셨습니다. 세리의 집에 가서 식사하셨습니다. 거기서 오는 불이익이
those who needed love the most. He sought to be with sinners. He ate with the tax collectors. Many disadvantages

많았습니다. 그분은 불쌍한 사마리아 여인을 만나 주셨습니다.

십자가도 혼자 지셨습니다. 그런데 거기에 제자들이 없었습니다.
came with this. He even met a poor Samaritan woman. He carried the cross by himself. His disciples were not with him at the time.

그래서 제자들은 모두 능력, 사랑, 영생도 함께 누릴 수 없었습니다. 스데반이 예수님과 함께 죽었을 때
None of them were able to enjoy the power, love, and eternal life of Jesus there. When Stephen went to be with the Lord,

바울이 엄청난 역사를 이뤘습니다. 예수를 믿는다는 것은 예수님의 제자가 되는 것을 말합니다. 공관복음에는 열두 제자를 제자라고 했습니다.
Paul accomplished great works. To believe in Jesus means to be his disciple. Twelve disciples are mentioned in the Synoptic Gospels.

그러나 사도행전에서는 제자라는 말이 전 기독교인, 즉 우리를 가리키는 것입니다. 다시 말해서, 현장성을 강고하고 있습니다.
However, in Acts, the word disciple refers to all the Christians including us. In other words, being present is emphasized.

그러므로 희생하는 것은 현실적으로 예수님이 계신 곳에 있는

것을 말합니다. 즉, 내가 남을 위하여 죽을 때 나도 살고 남도 사는 이치입니다.

Thus, to be sacrificial means to be where Jesus is. In other words, dying for others is the only way for all of us to live.

희생의 마음으로 예수님이 계신 곳에 있어야, 예수님이 죽으신 곳에서 우리도 죽어야 역사가 일어나는 것입니다.

We need to have a sacrificial heart and be where Jesus is for us to see the work of God. We need to be where Jesus died.

그냥 주님이 내가 있는 곳에 계셔주기만을 바라지 마십시오. 이제는 우리가 희생의 마음으로 주님이 계신 곳으로 가야 합니다.

Do not just expect the Lord to be where you are at. Now is the time where we need to go to where the Lord is.

우리 자신만을 위하여 살던 삶을 중단해야 합니다. 우리는 과감하게 멈추어 서서 생각을 바꾸어야 합니다. 방향을 바꾸시기 바랍니다.

We need to have a sacrificial heart and let go of our selfish ways. We need to stop and boldly change our minds. Let us redirect ourselves.

'예수 믿는다는 것'이 도대체 뭔지 고민해 보시기 바랍니다. 만일

예수 믿는 것 때문에 내가 희생 하는 것이나 손해 보는 것이 없다면

Let us ponder upon what it means to 'believe in Jesus.' If there is no sacrifice in our spiritual walk,

좋은 그리스도인이 아닌 것입니다. 우리는 예수 믿는 흔적을 가지고 살아야 합니다. 이제는 희생하는 마음으로 타인을 위하여 타인의 기쁨과

we are not good Christians. We need to bear the mark of a Christian. Let us have sacrificial hearts and seek to live

행복을 위하여 살아보세요. '나야 어떻게 되든 당신이 좋아한다면'의 마음으로 그렇게 한 번 살아보시기 바랍니다. 그러면 주님을

for the happiness of others. 'Do not worry about me, as long as you are happy.' Let us live like this and we will encounter

만나게 될 것입니다. 사랑과 은혜를 체험하게 될 것입니다. 그렇게 살아오신 분들이라면 후회하지 마세요. 열매가 풍성할 것입니다.

the Lord. We will experience love and blessings. If you have been living like this already, do not regret. You will bear much fruit.

사랑하는 성도 여러분, 가난한 마음, 선한 마음, 희생하는 마음으로 살아가시기를 주님의 이름으로 축원합니다.

Beloved saints, I pray in the name of the Lord that you will be poor in spirit, have a good heart and be sacrificial.

BILINGUAL
GOSPEL SERMONS
IN REFORMED
THEOLOGICAL
FOUNDATIONS

복 있는 사람이 되어라
Be a Blessed Person

시편 1장 1~3절

"복 있는 사람은 악인들의 꾀를 따르지 아니하며 죄인들의 길에 서지 아니하며 오만한 자들의 자리에 앉지 아니하고 오직 여호와의 율법을 즐거워하여 그의 율법을 주야로 묵상하는도다 그는 시냇가에 심은 나무가 철을 따라 열매를 맺으며 그 잎사귀가 마르지 아니함 같으니 그가 하는 모든 일이 다 형통하리로다."

Psalms 1:1~3

Blessed is the man who does not walk in the counsel of the wicked or stand in the way of sinners or sit in the seat of mockers. But his delight is in the law of the LORD, and on his law he meditates day and night. He is like a tree planted by streams of water, which yields its fruit in season and whose leaf does not wither. Whatever he does prospers.

시편 1편과 23편은 성도들에게 가장 사랑받는 말씀입니다. 시편 1편은 복 있는 사람에 대한 말씀입니다. 복 있는 사람은 어떤 사람이라고 생각하십니까?

Psalms 1 and 23 are everyone's favorite. In particular, Psalm 1 is about a blessed man. Who do you think is a blessed person?

아마 여러분 중에는 여러분 자신이 아닌 다른 사람의 얼굴을 떠올리실 수도 있을 것 같습니다. 그 사람이 복 있는 사람이라고 생각하실지도 모르겠습니다.

Perhaps some of you are thinking of someone other than yourself. Perhaps you think that person is blessed.

그런가 하면, 우리는 미래에는 복이 올 거라는 생각을 하기도 합니다. 지금 이 상황에서 벗어나면 복이 올 거라는 생각을 합니다.

Sometimes, we think blessings will come in the future. Blessings will come when we are given something other than what we have now.

하지만 분명한 것은 복의 조건은 그 어떤 환경에 의해 결정되지 않습니다. 우리는 그것을 초월해서 우리 자신이
However, external factors do not determine whether a person is blessed or not. We need to go beyond

복 있는 사람이 돼야 합니다. 이것이 가장 중요한 핵심입니다. 그러므로 우리가 먼저 복 있는 사람이 돼야 합니다.
that and be blessed internally. This is what matters most. Thus, we need to be blessed.

그렇지 않으면 복 없는 사람이 됩니다. 가롯 유다는 하나님 앞에 많은 복을 받을 수 있는 자리에 있으면서도 복을 전혀 받지
Otherwise, we will be unblessed. Although Judas Iscariot was in a position where he could have received many blessings,

못했습니다. 예수님께서 특별히 제자로 삼아 주셨지만, 그 기회를 놓쳐 버리고 사탄의 유혹을 따라 주님을 배반하는 길로 빠졌습니다.
he received none. Although Jesus took him to be his disciple, Judas gave in to Satan's temptation and chose to betray the Lord.

가롯 유다는 육적인 것에 대해서는 잘 알았으나 영적인 것에 대

해서는 둔하고 잘 몰랐습니다.

Judas Iscariot was clever when it came to material possessions, but he was dull when it came to spiritual things.

그는 계산은 빨랐지만, 예수님을 향한 헌신은 없었습니다. 그는 구제의 중요성을 알았지만, 믿음이 부족했습니다.

He was a calculative person and lacked devotion to the Lord. Although he knew the importance of helping others, he lacked faith.

그는 삼백 데나리온의 가치는 알았으나 하나님의 은혜는 몰랐습니다. 일찍이 아담과 하와가 살았던 에덴동산이

He only saw the three hundred denarii and failed to understand the grace of God. How beautiful was the Garden of Eden,

얼마나 아름다운 곳이었습니까? 천국과 같은 곳이었습니다. 그렇지만 그 속에 사는 아담과 하와는 복 있는 사람들이 아니었습니다.

where Adam and Eve once lived? It was paradise. Although Adam and Eve lived there, they were not blessed people.

그래서 아름다운 땅을 잃게 되었습니다. 그러므로 복 자체도 중요하지만, 그보다 복 있는 사람이 되는 것이 가장 중요합니다.

Thus, it became paradise lost. External blessings are important, but what matters the most is being that blessed internally.

우리는 먼저 복 있는 사람이 되어야 합니다. 그런데 복을 이미 받았는데 그 복을 "복"으로 깨닫지 못하는 사람들도 있습니다.
We need to be blessed first. But some people still fail to understand and see the meaning of "blessedness."

그들은 분명히 복을 받았는데 그 복을 느끼지 못하는 것입니다. 그래서 어떤 사람들은 "그래도 옛날이 좋았지"라고 합니다.
They are certainly blessed, but they fail to recognize that blessing. Some people say, "Life was better in the old days."

그때 그 당시에는 잘 몰랐는데 지금 돌이켜 보니 그때가 행복했다는 거지요. 그들이 가난할 때는
At the time, they did not know, but looking back, they think they were happier then than now. When they were poor,

돈 이야기만 하다가 부자가 되고 나서 "가난할 때 그때가 좋았어"라고 말하는 것입니다.
they used to talk about money all the time. But now that they are well-off, they say, "Life was better when we were poor."

총각 때는 결혼해 달라고 죽자 살자 쫓아 다녔는데 결혼하고 나니 "총각 때가 좋았어"라고 그럽니다.

A single man pursued a woman all his life. But after marriage, he said, "Life was better when I was single."

나이 드신 분들 중에도 가끔 젊은 시절이 좋았다고 말씀하시는 분들도 있습니다. 그런데 예수님 믿는 우리가 이렇게 살아서 되겠습니까?

Even among the elderly, some say that life was better when they were young. How can Christians think like this?

얼마나 어리석고 답답합니까? 우리의 인생은 지금이 가장 좋은 때입니다. 지금이 가장 복된 시간입니다. LA는 사계절이 뚜렷하지 않습니다.

How foolish is this? The present is the best time. The happiest moment in life is now. Los Angeles does not have four seasons.

그런데 복이 있는 사람은 이렇게 말합니다. "뚜렷하지 않아도 나는 봄은 봄대로, 여름은 여름대로, 가을은 가을대로 그리고 겨울은 겨울대로 좋습니다."

However, a blessed man says, "I love all four seasons as they are. I love Summer, Fall, Winter, and Spring."

불평하지 않는 사람이 복 있는 사람입니다. 그런데 어떤 사람은 "여름은 더워서 싫고 겨울은 추워서 싫습니다"라고 말합니다. 그러면 되겠습니까?

A blessed man does not complain. Some people say, "I hate Summer because it is too hot. I hate Winter because it is too cold."

그렇습니다. "복"은 여러분 자신에게 달려 있습니다. 복은 환경에 의해 결정되는 것이 아닙니다.

That's right. Being "blessed" depends on your attitude. Our environment does not determine whether we are blessed or not.

그러므로 세상의 환경에 너무 기대지 마세요. 어떤 때는 오히려 역경과 수많은 고난 가운데서 살아도

Thus, let us not depend on worldly things too much. Sometimes, we may even experience extraordinary happiness

남다른 깨달음이 있고, 남다른 기쁨과 감사가 있습니다. 우리가 하는 일이 형통할 때는 감사해야 하고 건강할 때는 일할 수 있음에 감사해야 합니다.

through trials and hardships. We need to be grateful when things go well. When we are healthy, we need to rejoice because we can work.

우리가 병이 들게 되면 조용히 기도할 수 있음에 감사해야 합니다. 그러므로 복 있는 사람은 어려운 역경과 고난에 처해도
When we are sick, we still need to rejoice because we can pray. Thus, a blessed man gives thanks even

감사하면서 살아갑니다. 요셉을 생각해 보세요. 그는 형들의 미움을 받아 노예로 팔려 갔습니다. 그런데 요셉은 복 있는 사람이었습니다.
in the midst of affliction. Consider Joseph. He was hated by his own brothers and was sold into slavery. Nevertheless, he was a blessed man.

그가 억울한 누명 뒤집어쓰고 오해받고 감옥에 들어갔지요. 그는 여러 가지 이해할 수 없는 고난을 당했습니다.
He was falsely accused and sent to prison. He went through various trials and it was hard for him to understand why.

그의 환경은 참으로 나빴습니다. 그러나 요셉은 어디를 가든지 복 있는 사람으로 살았습니다.
He was in an unhappy environment. But Joseph was blessed regardless of his circumstances.

하나님께서 그를 강대국 애굽의 총리대신이 되게 했습니다. 성

경에서 말하는 복은 영원한 것입니다. 과거, 현재, 미래를 다 포함합니다.

God appointed him to be the prime minister of Egypt. The biblical concept of blessing is eternal. It includes the past, present, and future.

하나님께서는 영원한 것을 우선으로 보시고 그 속에서 현재의 축복을 주시는 것입니다. 그리고 성경의 복은 영적인 것, 물질적인 모든 것을 다 포함합니다.

God continually blesses us spiritually in the present moment. This includes both the spiritual and material.

이것은 총체적인 축복입니다. 그런데 여기에는 우선순위가 있는데 영적인 것이 가장 먼저입니다. 영적인 축복에 따라 우리에게 복들이 주어집니다.

It is a holistic blessing. There is a priority here, which is spiritual. Worldly blessings are given to us according to spiritual blessings.

이 복은 개인과 가정, 단체를 다 포함합니다만, 항상 개인의 축복이 먼저 옵니다. 그리고 우리 주변인 가정과

This blessing includes both the individual and family, but the individual blessing comes first. Then, we are to bring this blessing to our families,

직장, 기업, 교회, 국가로 더 크고 넓게 번져가는 축복입니다. 그런데 복에 대한 개념 중에서 지금까지 논쟁 되는 것이 있습니다.
work places, businesses, churches, nations, and the world. The concept of blessing has been debated for a long time.

그것은 과연 "복"이라는 것이 하나님으로부터 무조건적으로 우리 인간에게 주어지는 것이냐, 아니면 조건적으로 얻어지는 것이냐 하는 것입니다.
The question is whether "blessings" are conditional or unconditional.

다시 말해서 "복"은 하나님이 주셔야 한다고 말하는 사람들이 있습니다. 만일 하나님이 복을 주시지 않으면 누구도 복을 받을 수 없다는 의견입니다.
In other words, some say that blessings come from God alone. If He does not bless, nobody can be blessed.

그런가 하면, "아니다. 복은 행위에 대한 보상이다. 조건적이다. 복 받을 행동을 해야 한다"라고 말하는 이들도 있습니다. 그들은
Others say, "No, a blessing is a reward. It is conditional. We must do something so that we can be blessed." They say a person

복된 사람이 따로 있는 게 아니고 복된 길을 걸어가면 복을 받고 저주의 길을 걸어가면 저주를 받는다는 의견입니다.

who walks the path of righteousness is blessed while a person who walks the path of unrighteousness is cursed.

성경은 이 두 의견을 부정하지는 않습니다. 그런데 하나님께서 일방적으로 복을 주시는 것이 더 성경적이라고 볼 수 있습니다.

The Bible does not deny either one of these. But a more biblical way of understanding this blessing is unilateral.

우리 자신을 볼 때 우리에게는 복 받을 만한 근거가 전혀 없습니다. 만약에 우리의 행위에 따라서 하나님께서 복을 주신다면

When we examine ourselves, we should recognize that we do not deserve any blessing. If blessings were to depend

우리 중에서 복 받을 사람 있을까요? 그 어떤 조건과 관계없이 먼저 하나님께서 복을 우리에게 주셨습니다.

on our works, who in this place deserves to be blessed? We have received His blessings without any condition.

그리고 우리는 복 있는 하나님의 자녀로 살아갑니다. 다시 말해서 성경은 하나님의 축복을 먼저 말씀하셨습니다. 그리고 그다음에

We live as blessed children of God. In other words, the Bible talks about God's blessings first. Then comes

복 받은 사람으로서 해야 할 책임을 말씀하십니다. 그러므로 진정한 "축복"을 하나님 안에서 찾아야 한다는 것입니다. 오늘 말씀을 보십시오.

the responsibilities of those who have received God's blessings. Therefore, true "blessing" is found in God. Let us look at today's passage.

복 있는 사람이 누구입니까? 세 가지를 하지 않는 사람입니다. 그리고 한 가지를 하는 사람을 복 있는 사람이라고 했습니다.

Who is a blessed man? A blessed man abstains from three things. A person who does one thing is called blessed.

1. 복 있는 사람은 세 가지를 하지 않는 사람입니다.
1. A blessed man says "No" to three things.

"복 있는 사람은 악인들의 꾀를 따르지 아니하며 죄인들의 길에 서지 아니하며 오만한 자들의 자리에 앉지 아니하고."

"Blessed is the man who walks not in the counsel of the wicked, nor stands in the way of sinners, nor sits in the seat of scoffers."

먼저, 악인들의 꾀를 따르지 않는다고 했습니다. 여기 "따르지 않는다"는 말은 쫓지 않는다는 뜻입니다.

First, a blessed person does not walk in the counsel of the wicked. Here, "Does not walk" means that he does not follow after their wicked ways.

복이 있는 사람은 믿음 없는 사람을 따라가지 않습니다. 그는 예수님을 안 믿는 악인과 동행하지 않습니다.

A blessed person should not follow unbelievers. He does not walk with the wicked. He does not walk with those who do not believe in Jesus.

둘째, 그는 죄인들의 길에 서지 않습니다. 죄짓는 사람들 사이에서 서성거리거나 머뭇거리지 않는다는 말입니다. 수근거리는 모임에 들어가지 않습니다.

Secondly, he does not stand in the way of sinners. He does not wander around those who sin deliberately. He does not gossip.

그는 다른 사람들이 하는 이 사람 이야기, 저 사람 이야기를 듣지 않습니다. 왜냐하면, 자신까지 망가질 수 있기 때문입니다.

He does not go around listening to what people have to say about others because that will ruin their own lives.

그러므로 복 있는 사람은 자신을 구별시키며 믿음으로 살아갑니다. 셋째, 그는 오만한 자들의 자리에 앉지 않습니다. 여기 오만하다는 말이 뭡니까?

Thus, a blessed man consecrates himself and lives by faith. Thirdly, he does not sit in the seat of scoffers. Who is a scoffer?

오만은 죄를 짓고도 회개하지 않는 마음입니다. 그런 마음을 가진 사람의 마음이 강퍅합니다. 잘못을 하고도

A scoffer is someone who refuses to repent after sinning. It refers to a person whose heart is hardened. They are too prideful

잘못했다고 하지 않습니다. 다른 사람을 용서하지 못하면서 "주여, 주여"라고 기도하면 뭐합니까? 그것은 우리가 교만하다는 증거입니다.

to acknowledge their wrongdoing. What good is it to pray, "Lord, Lord" when we fail to forgive others? This shows that we are prideful.

그렇습니다. 복 있는 사람은 자신이 해야 할 것과 하지 말아야 할 것을 구별하는 사람입니다. 순종하며 따라야 하는 것과

That's right. A blessed man is able to discern what is the will of God. He knows what to do

절대 따르면 안 되는 것을 분별할 줄 아는 사람입니다. 복 있는 사람은 자기가 있어야 할 곳과 있으면 안 되는 곳을 아는 사람입니다.

and what not to do to please the Lord. A blessed man knows where he should be and where he should not be.

자기가 앉아야 할 자리와 앉으면 안 되는 자리를 판단할 줄 아는 사람입니다. 아무리 많은 사람이 탐내는 자리라 할지라도 자기 자리가 아니라고

He is able to discern where he should sit or not sit. No matter how privileged he may be, a blessed man is able to say

거절할 줄 아는 사람이 복 있는 사람입니다. 그런데 중요한 것은 복 있는 사람과 복 없는 사람이 이 세상에서 함께 살고 있다는 사실입니다.

"No" when he is given a position that he does not deserve. But the truth of the matter is that a blessed man still lives in this world.

우리의 주변에는 악인들도 있고 죄인들도 있으며 오만한 사람들도 있습니다. 그런 세상에 우리가 함께 살아갑니다. 그래서 우리

의 영은 하나님을 사랑하지만,

Thus, we are surrounded by sinners who are wicked and prideful. We live in such a world. Thus, our spirit loves God,

우리의 육은 세상을 좋아하고 세상을 사랑합니다. 우리는 세상에 대한 욕심을 가지고 세상을 따라 흉내 내려고 합니다.

but our flesh loves the world. We are marked by greed. We seek the things of this world and conform to the patterns of this world.

어떤 분들은 교회 생활을 오래 했는데도 달라지거나 변화되지 않습니다. 왜 그렇습니까? 마음에 주님이 계시지 않기 때문입니다.

Some people go to church for a long time, but still do not see any changes. Why is that? It is because the Lord is not in their hearts.

그들의 마음에 세상의 불필요한 마음으로 가득합니다. 우리가 하나님을 믿는다는 것은 우리의 죄를 계속 회개하며 나아가는 것을 말합니다.

Their hearts are filled with the things of this world. To believe in God and to walk with Him means to repent of our sins continuously.

즉, 과거의 삶을 후회하며 그 짐을 하나님 앞에 내려놓는 것입니다. 날마다 새로운 사람이 되는 것입니다.
It means to lay down the burdens that have been weighing us down before God. It means to be renewed every day.

그러므로 우리는 가정에서도 교회에서도 늘 정결하게 살아야 합니다. 이 세상은 천국이 아닙니다.
Thus, we need to purify our daily lives both at home and church. This world is not heaven.

잘못된 것은 성령의 불과 물로 다 태워버리고 전부 씻어버려야 합니다. 악한 것은 모양이라도 버려야 합니다.
Every evil thing must be cleansed with the fire and water of the Holy Spirit. Let us disassociate with wickedness.

믿음으로 사는 사람들은 다른 사람을 원망하지 않습니다. 다른 사람과 다투지 않습니다. 세상에서 상처받고 안 좋은 감정을 그대로 가지고 있으면
Those who live by faith do not blame others. They do not argue with others. They do not hold on to old wounds

하나님의 말씀을 받아도 그들 안에 감동이 없습니다. 그들 안에서 성령의 역사도 일어나지 않습니다.

because then the Word of God will not convict their hearts. The work of the Holy Spirit will not be manifested in them.

그리고 주님을 즐거워할 수가 없습니다. 그런데 복 있는 사람은 기준이 다릅니다. 그는 구별되어 살아간다는 것입니다.
They cannot rejoice in the Lord. However, a blessed man has a different standard. He lives a life that is set apart from this world.

분명히 다르게 사는 것을 말합니다. 최근에 많은 사람이 행동주의 신학에 대해 말합니다. 그들은 교회가 앞장서서 사랑으로 행하는
He lives a distinguished life. Recently, many people have been talking about practical theology. They say the church is to love

실천하는 것에 대해 말합니다. 물론 좋은 말입니다. 그런데 문제는 하나님의 말씀에 기초하지 아니하고 행동한다는 것입니다.
and serve others first. This makes sense. But the most important matter is that our actions must be based on the Word of God.

그러면 하나님께 기쁨도 되지 않고 잘못되기 쉽습니다. 현대인의 비극은 하나님의 말씀도 듣지 않고 자기 멋대로 살다가 무너

진다는 것입니다.

The tragedy of modern society is that people neglect to hear the Word of God. They act upon their own volitions and end up breaking down.

우리가 하나님의 말씀으로부터 멀어지면 어처구니없는 일을 하게 됩니다. 구소련의 망명 작가인 솔제니친이 미국을 비롯한 서방세계가 쇠퇴하는

The moment we depart from the Word of God, we are doomed. Aleksandr Solzhenitsyn, a writer who was exiled from the Soviet Union,

세 가지 이유를 말했습니다. 첫째, 서구사회가 처음에는 신본주의적 사회였으나 지금은 인본주의적 사회로 바뀌고 있기 때문이라고 합니다.

gave three reasons for the decline of the Western World. First, a once theocentric society became a man-centric society.

둘째, 처음에는 하나님을 경외하는 믿음의 사회를 이루었으나 지금은 물질만능주의, 즉 유물론적 가치관을 가지게 되었기 때문입니다.

Secondly, he argued that the Western World has become too capitalistic and in turn materialistic. They no longer feared the Lord.

셋째, 과거에는 하나님의 말씀이 도덕과 법률을 지배했으나 지금은 이 세상의 법률 지상주의가 되고 있기 때문이라고 했습니다. 다시 말해서

Thirdly, he argued that the Word of God had stopped ruling over law and morality. In other words, the reason for the

하나님의 말씀을 듣지 않고 인간 멋대로 하는 것이 서구사회 몰락의 원인이라는 것입니다.

decline of Western Society was abandoning the Word of God and doing whatever pleased them.

2. 복 있는 사람은 한 가지만 "예스" 하는 사람입니다.
2. A blessed man says "Yes" to one thing.

"오직 여호와의 율법을 즐거워하여 그의 율법을 주야로 묵상하는도다." 다시 말해서 복 있는 사람은

"His delight is in the law of the LORD, and on his law he meditates day and night." In other words, a blessed man

오직 하나님의 말씀으로 인해 즐거워해야 합니다. 하나님의 말

씀을 읽고 듣고 배우고 묵상하며 말씀 따라 행하는 것을 즐거워해야 합니다.

delights in the Word of God only. We need to enjoy reading, hearing, learning, meditating, and practicing the Word of God.

그런 사람이 진정한 복 있는 사람입니다. 그렇다면 언제 하나님의 말씀을 묵상합니까? 언제 말씀을 즐거워합니까?
Such a person is a blessed man. When should we meditate upon the Word of God? When should we delight in the Word?

주야로 즐거워하고 묵상해야 합니다. 여기서 말하는 "주야"는 문자적으로 해석하면 밤낮을 의미합니다. 그러나 영적으로 해석하면
We need to delight in it day and night. "Day and night" literally means both in the morning and evening. But spiritually,

주야는 성공하든, 실패하든, 건강하든, 병들든, 무엇이 잘 되든, 안되든, 여호와의 말씀을
this can be understood as meditating upon the Word in success or failure, in sickness or in health, regardless of whether

묵상하는 사람입니다. 다시 말해서 세상과 환경을 초월해서 하나님의 말씀으로 다스림을 받는 사람을 말합니다.

things are going well or not. In other words, a blessed man transcends his circumstances and is controlled by the Word of God.

그는 밤낮 하나님의 말씀을 묵상하는 것을 기뻐합니다. 그리고 "묵상하다"라는 말은 "음미하다," "숙고하다"라는
He delights in the Word of God and meditates upon it day and night. "To meditate" means "To savor" or

뜻을 가지고 있습니다. 그런데 사실 하나님의 말씀을 빼앗기지 않으려고 적극적으로 움켜쥐고 방어한다는 뜻도 있습니다.
"To ponder." But it also means to cling to the Word of God so that nobody can take it away from you.

〈동물의 왕국〉을 보면 사자나 호랑이가 사냥에 성공하면 자기 먹이를 움켜쥐고 으르렁거릴 때가 있습니다. 그들이 그런 행동을 하는 이유는
In <National Geographic>, you see lions or tigers holding on to their prey and growling. They do this because there are

주위에 다른 짐승이 많기 때문입니다. 그들은 사자나 호랑이가 방심하기만을 기다립니다. 배가 불러 잠시 한눈팔거나 먹이를 두고 잠깐 자리를 비우게 되면

other animals around them. Those animals just wait for the lion or the tiger to become distracted. The moment their attention is diverted,

주위에 있던 하이에나나 독수리가 쏜살같이 먹이를 낚아챕니다. 그러므로 사자나 호랑이는 사냥한 먹이를 빼앗기지 않기 위해 으르렁거려야 합니다.
hyenas or eagles rush in and snatch their prey. Hence, lions and tigers must growl to avoid losing their prey.

그러면 그 어떤 동물들도 덤비지 못합니다. 사자나 호랑이가 자기 먹이를 붙잡고 빼앗기지 않으려고
If they do so, no animals can attack them. This image of lions and tigers roaring while holding onto their prey illustrates

으르렁거리는 것은 묵상하는 것과 같습니다. 그러므로 여호와의 말씀을 묵상한다는 것은 우리가 그냥 얌전하게 깊이 생각한다는 "Q.T" 정도가 아닙니다.
the meaning of the phrase, "To meditate." Thus, to meditate on the Word of God is not simply doing "Q.T."

묵상의 더 깊은 뜻은 하나님께서 나에게 주신 말씀을 움켜쥐고 가슴에 품는 것입니다. 아무도 말씀을 빼앗아 가지 못하도록 으

르렁거리는

To meditate on the Word means to cling to it and hold it in our hearts. It means to growl so that nobody can snatch

것입니다. 그것은 말씀을 생명처럼 귀하게 여기는 것입니다. 지금 이곳에서 우리는 하나님의 말씀을 듣고 있습니다.

it away from us. It means to consider the Word just as important as our own lives. Even now, we are listening to the Word of God.

만일 이 말씀을 우리가 강하게 붙잡지 않으면 주변에 하이에나나 독수리 같은 사탄들이 우리가 받는 말씀을 송두리째 낚아채 갑니다.

If we do not cling to the Word of God, Satan will snatch it away from us like hyenas and eagles.

어떤 목사님이 어미 새가 먹이를 줄 때 새끼들이 "짹, 짹" 하면서 받아먹어야지 "짹" 하면 먹이를 놓친다고 말씀하셨습니다.

One pastor said, baby birds need to "chirp, chirp" to receive the food because if they just "chirp" they might miss the food.

그래서 말씀을 들을 때 "아멘, 아멘" 하고 두 번 빨리빨리 해야 합니다. 만약에 "아 ~ 멘" 하고 늦게 말하면

In the same manner, when we hear the Word, we need to say, "Amen, Amen." If we take our time to say, "A-men,"

사탄이 주워 먹는다고 말씀하셨습니다. 그렇습니다. 우리는 항상 시냇물을 갈급하게 찾는 사슴처럼 하나님의 말씀을 구해야 합니다.

Satan will snatch it away from us. That's right. We need to seek after the Word of God as the deer pants for flowing streams.

우리는 "밤과 낮, 주야"에 하나님의 말씀을 묵상해야 합니다. 우리가 정신을 차리고 장소에 구애받지 않고 묵상해야 합니다.

This is what it means to meditate on the Word "day and night." We need to be sober-minded and meditate on the Word.

우리의 상황과 상관없이 우리에게 주어진 그 은혜의 말씀을 지키기 위해서 애써야 합니다. 몸부림을 쳐야 합니다.

Regardless of our circumstances, we need to do everything we can to keep the Word of God. We need to fight our fleshly desires.

주변에 사탄들이 많이 존재하기 때문에 평생 하나님 말씀을 그들에게 뺏기지 않고 잘 지켜야 합니다.

We need to keep the Word of God secure all days of our life because the devil is prowling.

더러운 영과 사탄들이 하이에나들처럼 우리 안에 주어진 말씀을 빼앗기 위해 호시탐탐 노리고 있습니다.
Unclean spirits and demons are continuously looking for opportunities to snatch away the Word that has been given to us like hyenas.

그러므로 우리는 한눈팔지 말아야 합니다. 방심하지 말아야 합니다. 특별히 잘 되고 삶이 형통할 때
Therefore, we cannot be distracted. We must be vigilant and cling to the Word of God, especially

하나님의 말씀을 놓치지 말아야 합니다. 우리의 신앙이 어느 정도 성숙하게 되면 고난을 당했을 때 오히려 더 기도합니다. 그런데 내 뜻대로
when things are going well. Those who are mature in faith pray more when they go through hardships. But when things

돈 잘 벌고 잘 되면 마음을 놔 버리고 방심 할 수 있습니다. 그래서 목사 입장에서 보면 성도의 고난보다
go well and we grow comfortable in this world, we easily

become careless. Thus, from the pastor's perspective, a saint's success

무서운 게 잘 되는 성공입니다. 그러므로 우리는 고난을 다루는 법도 배워야 하지만, 그러나 더 중요한 것은

is more frightening than his/her sufferings. Therefore, learning to deal with hardships is important. However, learning

성공을 다루는 법을 반드시 배워야 합니다. 왜냐하면, 이젠 됐다고 이젠 괜찮다고 생각할 때 사탄이 쏜살같이 달려들어서

to deal with success is even more important. This is because Satan will rush in to take away the Word of God

우리에게 주어진 은혜의 말씀을 빼앗아 갈 수 있기 때문입니다. 그러므로 우리는 주야로 말씀을 묵상해야 합니다.

that has been given to us the moment we think we are fine. Thus, we must meditate on the Word day and night.

으르렁거리면서 하나님의 말씀을 붙들어야 합니다. 이민 목회를 하다 보면 사람들이 말에 약하고 말 때문에 시험 드는 경우가 가끔 있습니다.

We need to growl and hold on to the Word of God. In immigrant churches, people stumble over words sometimes.

성령 충만하고 은혜의 생활을 하다가도 어떤 말 한마디에 분노가 치밀어 오릅니다. 그래서 시험에 듭니다.

Even those who were filled with the Holy Spirit once become angry when someone criticizes them. They fall into temptation.

어떤 사람들은 자기가 싫어하는 사람의 얼굴을 보는 순간 기분 나빠 어쩔 줄 몰라 합니다. 그렇습니다. 사탄은 우리에게 주어진 은혜를

Some people do not know how to react when they see someone they hate. That's right. Satan uses many devices

다양한 방법으로 빼앗아 갑니다. 사람마다 다른 방법을 사용합니다. 그러므로 하나님의 말씀을 지키기 위해 몸부림치세요.

to take away blessings from us. He uses different tactics for different people. Thus, let us do everything we can to guard our hearts.

사자와 호랑이처럼 으르렁거리면서 말씀을 묵상하세요. 우리는 말씀을 강하게 붙잡아야 합니다.

Let us meditate on the Word and growl like lions and tigers. We need to hold on to it tightly.

여호와의 말씀과 규례와 법도를 즐거워하여 주야로 그 말씀을 붙잡고 빼앗기지 않으려고 몸부림치시기 바랍니다.
May we delight in the law of the Lord. May we do everything we can to cling to the Word of God day and night.

여호와의 율법을 즐거워하여 그 율법을 주야로 묵상하는 자를 복 있는 사람이라고 성경에 기록되어 있습니다.
The Bible says that a person who delights in the law and meditates on the law day and night is blessed.

3. 복 있는 사람에게 주어지는 축복이 있습니다.
3. There is a special blessing that is reserved for a blessed man.

"그는 시냇가에 심은 나무가 철을 따라 열매를 맺으며 그 잎사귀가 마르지 아니함 같으니
"He is like a tree planted by streams of water that yields its fruit in its season, and its leaf does not wither.

그가 하는 모든 일이 다 형통하리로다." 복 있는 사람에게는 시절을 쫓아 열매를 맺는 축복이 있습니다.
In all that he does, he prospers." A blessed man is promised to bear fruit in due season.

요즘 캘리포니아는 가뭄, 물 때문에 난리입니다. 그런데 복 있는 사람은 그 어떤 가뭄에도 잎사귀가 마르지 않습니다.
Severe drought is taking a toll on California. But the leaf of the blessed man never withers.

그가 하는 모든 일이 다 형통합니다. 왜 그렇습니까? 여호와의 말씀을 즐거워하여 그 말씀을 주야로 묵상하는 자에게 주어지는 축복이기 때문입니다.
He prospers in everything that he does. Why? Because he delights in the Word of God and meditates on it day and night.

하나님께서 그런 사람에게 축복을 약속하셨습니다. 주야로 여호와의 말씀을 즐거워하고 묵상한다는 말은 여호와를 의지하며 신뢰한다는 것을 말합니다.
To such a person, God promises blessings. To delight in the Word of God and meditate on it day and night means to trust in the Lord.

하나님을 의지한다는 것입니다. 야훼 하나님을 붙잡는다는 것입니다. 매달리는 것입니다. 어떤 상황에서도 하나님께 매달리는 사람,
It means to rely on God. It means to cling to Yahweh, God. It means to hold on to Him. Those who cling

그 사람에게 주어진 하나님의 축복은 시절을 좇아 맺는 열매와 같습니다. 가뭄에도 잎사귀가 마르지 않고 풍성한 삶, 형통한 삶을 사는 것입니다.

to God will bear fruit in due season - in His timing. He will live a prosperous life. His leaf will never wither even when there is a drought.

세상을 살 때 모든 순간에 여호와를 신뢰하고 의지하는 사람입니다. 하나님은 그런 사람을 좋아하시고 사랑하십니다.

He trusts and depends on the Lord every moment of his life. God cherishes and loves such a person.

그렇습니다. 지금도 우리는 원수의 목전에서 살아가고 있습니다. 때로는 사망의 음침한 골짜기에 있습니다.

That's right. Even now, the enemy is just around the corner. Sometimes, we go through the valley of the shadow of death.

때로는 해를 받을 수 있습니다. 그러나 우리는 두렵지 않습니다. 왜 그렇습니까? 우리가 믿는 하나님께서 우리의 목자가 되셔서

Sometimes, they attack us. But we do not need to be afraid. Why? It is because the Lord our Shepherd comforts us

지팡이와 막대기로 우리를 안위하시기 때문입니다. 우리가 어려

운 상황에 처할 때 주님이 우리를 붙잡아 주십니다. 지금도 원수의 목전에서

with His rod and staff. He will hold us fast when we go through hardships. Even in the presence of our enemies,

우리의 잔이 넘치게 해 주십니다. 그렇습니다. 이 세상의 모든 것을 가지고 있다고 해도 만군의 여호와 하나님이 내 곁에 계시지 않으면

God makes our cups overflow. That's right. We might have everything in this world, but if we do not have the Lord of Hosts,

우리는 두렵고 염려할 수밖에 없습니다. 그러므로 하나님이 계셔야 합니다. 하나님의 말씀이 우리와 함께 있어야 합니다.

we cannot help but be afraid and anxious. Therefore, we must be with God. The Word of God must be with us.

그래서 이스라엘 백성은 하나님의 말씀이 너무 소중해서 앉았을 때도 누웠을 때도 길을 걸어갈 때도

For this reason, the Israelites taught their children to remember the Word of God when they sat in their house, and when they walked away

하나님의 말씀을 기억하라고 자녀들에게 가르쳤습니다. 하나님의 말씀을 정말 중요하게 생각해서 손목에도 매고 미간에도 썼습니다.

and when they lay down, and when they rose. The Word of God was so important that they bound them on their hands and their foreheads.

그리고 문설주에도 붙였습니다. "가까이하여 말씀을 듣는 것이 우매한 자들이 제물 드리는 것보다 낫다."

They even wrote the word on the door posts of their house and gates. "To draw near to listen is better than to offer the sacrifice of fools."

말씀을 가까이하면 은혜와 축복이 있습니다. 사랑하는 성도 여러분, "복 있는 사람이 되면

There is a blessing in drawing near to the Word. Beloved saints, "A blessed man is like a tree

그는 시냇가에 심은 나무가 철을 따라 열매를 맺으며 그 잎사귀가 마르지 아니함 같으니 그가 하는 모든 일이 다 형통할 것입니다."

planted by streams of water that yields its fruit in its season, and its leaf does not wither. In all that he does, he prospers."

사명선언문

너희가 흠이 없고 순전하여……세상에서 그들 가운데 빛들로
나타내며 생명의 말씀을 밝혀 _ 빌 2:15-16

1. 생명을 담겠습니다
만드는 책에 주님 주신 생명을 담겠습니다.
그 책으로 복음을 선포하겠습니다.

2. 말씀을 밝히겠습니다
생명의 근본은 말씀입니다.
말씀을 밝혀 성도와 교회의 성장을 돕겠습니다.

3. 빛이 되겠습니다
시대와 영혼의 어두움을 밝혀 주님 앞으로 이끄는
빛이 되는 책을 만들겠습니다.

4. 순전히 행하겠습니다
책을 만들고 전하는 일과 경영하는 일에 부끄러움이 없는
정직함으로 행하겠습니다.

5. 끝까지 전파하겠습니다
모든 사람에게, 땅 끝까지, 주님 오시는 그날까지
복음을 전하는 사명을 다하겠습니다.

서점 안내

광화문점	서울시 종로구 새문안로 69 구세군회관 1층 02)737-2288 / 02)737-4623(F)
강남점	서울시 서초구 신반포로 177 반포쇼핑타운 3동 2층 02)595-1211 / 02)595-3549(F)
구로점	서울시 동작구 시흥대로 602, 3층 302호 02)858-8744 / 02)838-0653(F)
노원점	서울시 노원구 동일로 1366 삼봉빌딩 지하 1층 02)938-7979 / 02)3391-6169(F)
일산점	경기도 고양시 일산서구 중앙로 1391 레이크타운 지하 1층 031)916-8787 / 031)916-8788(F)
의정부점	경기도 의정부시 청사로47번길 12 성산타워 3층 031)845-0600 / 031)852-6930(F)
인터넷서점	www.lifebook.co.kr